Quaderno di DISEGNO di Moda

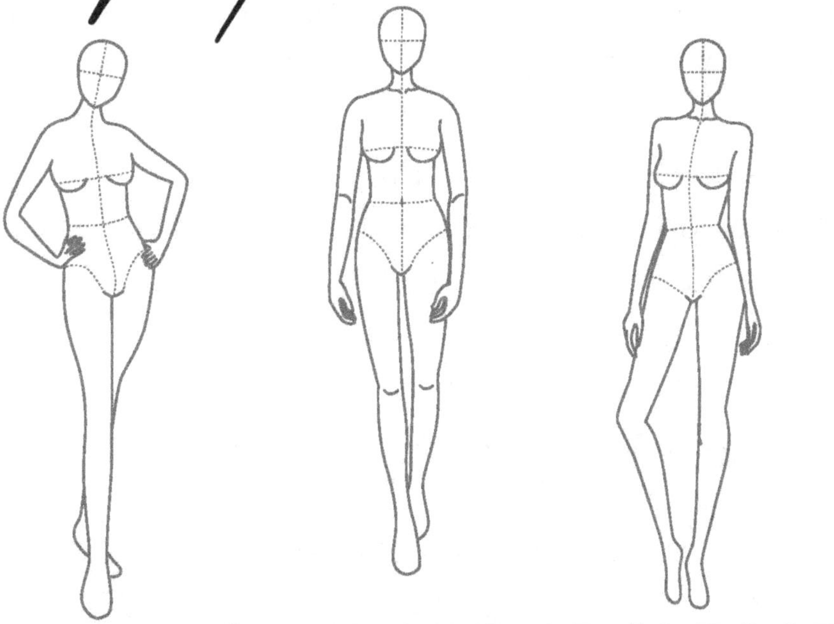

MODELLI DI FIGURE PER ADOLESCENTI

Dal Principiante all'Avanzato

Niky Jadesson

© Copyright 2025 - Niky Jadesson
Tutti i diritti riservati.

Nessuna parte di questo libro può essere riprodotta, archiviata in un sistema di recupero o trasmessa in qualsiasi forma o con qualsiasi mezzo - elettronico, meccanico, tramite fotocopie, registrazioni o altri metodi - senza la previa autorizzazione scritta dell'autore o dell'editore.

Avviso legale:

Questa pubblicazione è protetta dal diritto d'autore. È destinata esclusivamente all'uso personale, educativo e non commerciale. Copiare, modificare, vendere o distribuire qualsiasi parte di questo libro senza consenso scritto è severamente vietato.

Dichiarazione di responsabilità:

Questo quaderno di disegno è stato creato per scopi educativi e di apprendimento creativo. Nonostante ogni sforzo sia stato fatto per fornire materiale accurato e ispirante, l'autore e l'editore non garantiscono risultati o esiti specifici. Il contenuto è pensato per studenti e giovani creativi interessati all'illustrazione e al design di moda.

L'autore e l'editore declinano ogni responsabilità derivante dall'uso di questo libro.

Grazie per aver rispettato i diritti del creatore!

benvenuto

Pagina della Dedica

A tutti i giovani sognatori che credono
che la moda sia un'arte di espressione personale,

Questo libro è stato creato per voi - per esplorare, esercitarvi e creare con fiducia.

Che ogni pagina vi ricordi quanto sia potente la vostra immaginazione e quanto contino le vostre idee.

Continuate a disegnare, a sognare e a credere sempre nel vostro stile unico.

Con creatività e cuore,

Niky Jadesson

Questo libro appartiene a:

_____

_____
(il tuo nome)

Niky Jadesson

Grazie!
(introduzione)

Cara giovane stilista,

Grazie per aver scelto questo quaderno di disegno e per aver iniziato il tuo viaggio creativo!

Spero che ti ispiri a esplorare la moda, a disegnare con coraggio e a divertirti imparando nuove idee.

Ogni pagina è il tuo spazio per sperimentare, esercitarti ed esprimere il tuo stile personale.

Se desideri restare aggiornata sulle prossime pubblicazioni o condividere la tua opinione, mi farà piacere sentirti.

Cerca semplicemente "**Niky Jadesson Books**" online.

Il tuo sostegno è prezioso. Se questo libro ti è utile, lasciare una breve recensione aiuta altri lettori a scoprirlo e sostiene l'editoria indipendente.

Con gratitudine,

Niky Jadesson

Autografo / Firmato con amore

Cara/o _____,

Questo quaderno di disegno è per te - per creare, immaginare ed esprimere la tua visione unica.

Ricorda: ogni linea che tracci ti porta un passo più vicino a diventare una vera stilista di moda.

Con tutto il cuore,

_____
(Firma)

Data: _____

Indice

Parte I - Pagine introduttive

1. Pagina del titolo 1
2. Pagina del copyright 2
3. Pagina della dedica 3
4. Pagine da colorare (Inserti creativi) 4, 6, 8, 10, 14, 16, 34, 144, 146
5. Questo libro appartiene a 5
6. Grazie! (Messaggio introduttivo) 7
7. Autografo / Firmato con affetto 9
8. Indice 11-12
9. Benvenuto! 13
10. Prefazione dell'autrice 15
11. Come usare questo quaderno di disegno 17
12. I miei obiettivi e ispirazioni 18
13. Strumenti e materiali per il disegno di moda per adolescenti 19
14. Suggerimenti per iniziare 20

Parte II - Educazione e nozioni fondamentali 21

15. Breve storia della moda per adolescenti - dagli stili classici alle tendenze moderne 22
16. Silhouette e forme del corpo adolescenziale - trova il tuo stile 23
17. Teoria del colore nella moda per ragazzi - esprimiti! 24
18. Tessuti e texture - come i vestiti prendono vita 25
19. Strumenti per il disegno di moda - tradizionali e digitali 26
20. Passo dopo passo: outfit da giorno (stile quotidiano) 27
21. Passo dopo passo: look da festa o da sera 28
22. Errori comuni di design (e come evitarli) 29
23. Consigli e trucchi per giovani stilisti 30
24. Guida passo dopo passo a questo quaderno 31
25. Fondamenti del disegno di moda - passo dopo passo 32
26. Look quotidiano semplice e veloce 33

Indice

Parte III - Quaderno di esercizi e pratica 35

27. Guida alla pratica di moda e appunti 36, 44, 51, 58, 65, 72, 80, 87, 94, 101, 108, 116

28. Ispirazione per outfit: Streetwear 37, 45, 52, 59, 66, 73, 81, 88, 95, 102, 109, 117

29. Modelli di figure - silhouette adolescenziali (vista frontale, posteriore e laterale) 38-41, 46-48, 53-55, 60-62, 67-69, 74-77, 82-84, 89-91, 96-98, 103-105, 110-113, 118-120, 123-130

30. Le tue note e foto d'ispirazione 42, 49, 56, 63, 70, 78, 85, 92, 99, 106, 114, 121

31. Ispirazione per outfit: scuola, weekend e look di tendenza 43, 50, 57, 64, 71, 79, 86, 93, 100, 107, 115, 122

★ **Nota**: I modelli di figure - silhouette adolescenziali e le pagine di pratica sono intenzionalmente ripetuti per favorire sicurezza, creatività e uno sviluppo costante dello stile personale.

Parte IV - Chiusura ed extra 131

32. Modelli di figure - silhouette adolescenziali (vista frontale, posteriore e laterale) .132
33. Esercizi creativi 133-140
34. Lista di controllo per giovani stilisti 141
35. I miei tessuti e marchi preferiti - note e campioni 142
36. Il mio diario personale di moda 143
37. Congratulazioni! Ce l'hai fatta! 145
38. Grazie! (messaggio finale) 147
39. Grazie per aver scelto questo libro! 148
40. Informazioni sull'autrice 149
41. Mini glossario dei termini di moda (per adolescenti) 150
42. Certificato di completamento - Quaderno di Disegno di Moda - Edizione Teen......151

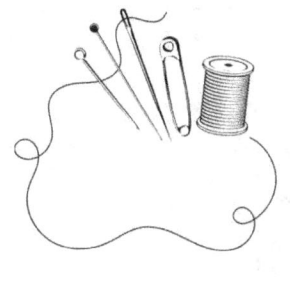

Benvenuto!

Ciao, anima creativa - benvenuto nel tuo mondo della moda!

La moda non riguarda solo i vestiti o le tendenze - riguarda te.

È il modo in cui esprimi chi sei, ciò che ti ispira e la fiducia che porti con te.

Ogni schizzo che disegni racconta una storia, e ogni design che immagini dà vita alla tua personalità.

Questo quaderno è stato creato per aiutarti a esplorare, sperimentare e crescere come giovane designer.

Prenditi il tuo tempo, gioca con forme, tessuti e colori - e soprattutto, divertiti durante il processo!

Che tu sia un principiante agli inizi o stia già costruendo il tuo stile, questo è il tuo spazio sicuro per sognare in grande e disegnare liberamente.

Siamo felici di far parte del tuo percorso creativo.

Ora prendi la matita - la tua storia nella moda inizia qui!

Buon divertimento con il design,

Niky Jadesson

Prefazione dell'Autrice

Cara lettrice, caro lettore,

Benvenuto nell'edizione per adolescenti del Quaderno di Disegno di Moda!

Questo libro è stato creato per ispirare la tua immaginazione e guidare la tua creatività - che tu sogni di diventare un designer o semplicemente ami esprimerti attraverso l'arte.

All'interno troverai sia struttura che libertà:
- Struttura - pagine che ti insegnano silhouette, tessuti e tecniche di disegno.
- Libertà - modelli, idee di outfit ed esercizi creativi che fanno brillare la tua personalità.

La moda è fiducia - è la tua voce senza parole.

Attraverso ogni schizzo, spero che tu impari a fidarti del tuo stile e a scoprire cosa rende unica la tua visione.

Non preoccuparti delle linee "perfette". Ciò che conta di più è continuare a creare, esplorare e divertirti.

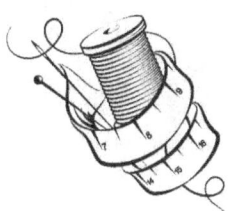

Con passione e gratitudine,

Niky Jadesson

Come usare questo quaderno di disegno

Questo quaderno è il tuo spazio creativo - un mix di apprendimento, pratica e sogno!

Ecco come ottenere il massimo:

- **Sperimenta liberamente** - prova idee di outfit, silhouette e colori diversi. Non aver paura di sbagliare - fa parte dell'apprendimento.
- **Prendi appunti** - scrivi idee, tendenze che ami o tessuti che ti ispirano.
- **Usa i modelli** - le figure adolescenziali ti aiutano a visualizzare proporzioni reali e creare look equilibrati.
- **Aggiungi ispirazione** - incolla ritagli di riviste, foto o campioni di tessuto nelle pagine per appunti.
- **Confronta e migliora** - ridisegna i vecchi bozzetti per vedere i tuoi progressi.
- **Crea collezioni** - prova outfit a tema (Streetwear, scuola, festa).

Che tu disegni per divertimento o per il tuo futuro nella moda, questo libro è il tuo studio - un luogo dove creatività e fiducia si incontrano.

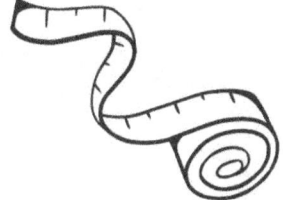

I miei obiettivi e ispirazioni

Il design di moda è più di un semplice disegno di vestiti - è espressione di umore, stile di vita e immaginazione.

Usa questa pagina per riflettere su ciò che ti ispira di più e sulla direzione che vuoi dare alla tua creatività.

Chiediti:
- Quale tipo di moda amo di più? (Streetwear, look da festa, Y2K, minimal, sporty-chic)
- Chi mi ispira? (designer, influencer, artisti o anche amici)
- Quali emozioni voglio esprimere con i miei abiti? (fiducia, gioia, forza, libertà)

Scrivi qui:
- I miei obiettivi di design: ....
- Le mie più grandi ispirazioni: ....
- Tessuti o colori che voglio esplorare: ....
- Abilità che voglio migliorare: ....

Suggerimento: *torna su questa pagina ogni pochi mesi - ti sorprenderà vedere come la tua visione evolve mentre cresci.*

Strumenti e materiali
per il disegno di moda per adolescenti

Non servono strumenti costosi per essere creativi - basta curiosità e alcuni elementi essenziali!

- **Matite** - usa HB per i contorni, 2B-6B per ombreggiature e pieghe.
- **Pennarelli a punta fine** - per contorni netti o dettagli decorativi.
- **Pennarelli e matite colorate** - dai vita ai tuoi design con colore e texture. Prova a mescolare pastelli o toni neon per look di tendenza!
- **Righello e curve** - utili per gonne, giacche e dettagli precisi.
- **Strumenti digitali** - se ami la tecnologia, prova app come Procreate o Sketchbook.
- **Campioni di tessuto** - toccare materiali reali ti aiuta a immaginare come si muoverà il tuo design.

Ricorda: la magia non è nello strumento, ma in come lo usi per raccontare la tua storia.

Consigli
per iniziare

Iniziare qualcosa di nuovo può sembrare difficile - ma ogni grande designer è partito da una pagina bianca!

- **Tieni tutto semplice** - comincia con capi facili come magliette, jeans o vestiti.
- **Osserva e impara** - guarda come i vestiti reali si adattano, si piegano e si muovono.
- **Gioca con le forme** - prova silhouette diverse: oversize, corta, svasata, aderente.
- **Sperimenta con i colori** - mescola tonalità che rappresentano la tua energia: pastelli morbidi, toni freddi o colori vivaci.
- **Rimani fiducioso** - non preoccuparti dei disegni "perfetti". Il tuo stile si evolverà con ogni pagina.

Ogni schizzo è un passo avanti - ogni errore ti insegna qualcosa di nuovo.

Più disegni, più la tua personalità brilla nei tuoi design.

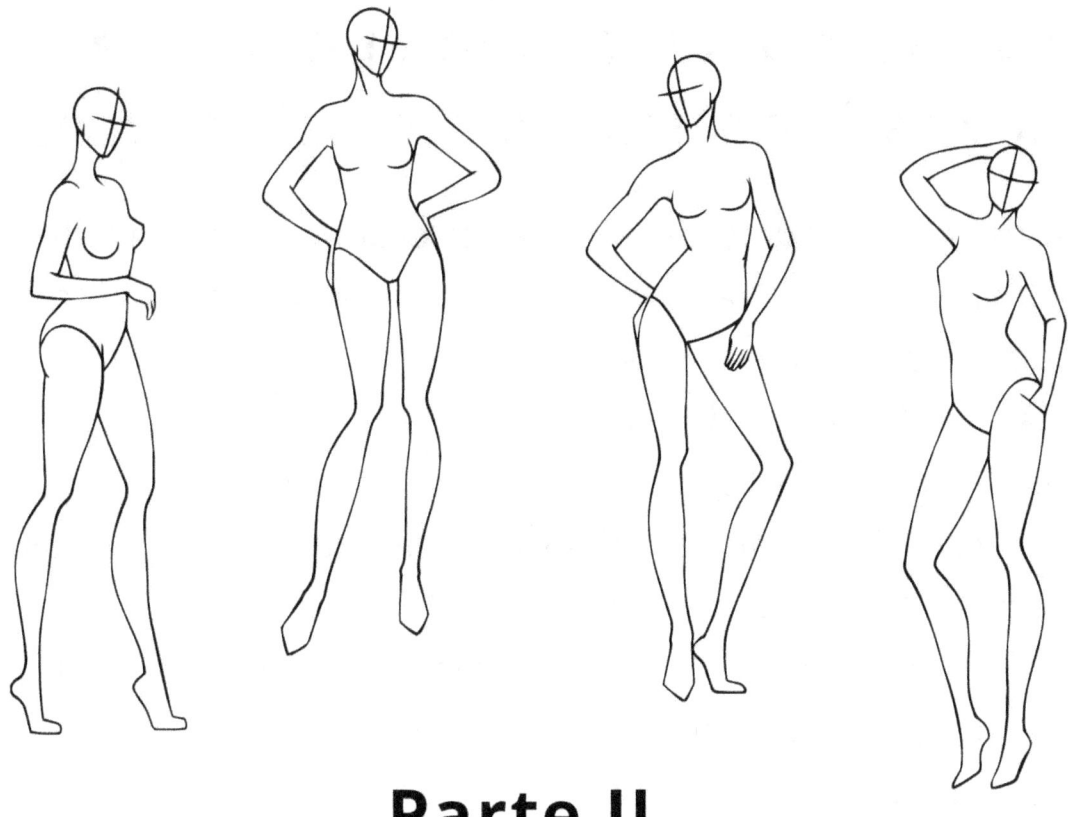

Parte II
- Educazione e Fondamentali

Questa sezione introduce le basi del design di moda - i mattoni che aiutano ogni idea a prendere forma.

Scoprirai come la moda si è evoluta, come silhouette e tessuti creano atmosfere e come il colore può cambiare completamente un design.

Leggi, impara e, soprattutto, applica tutto quando inizi a disegnare i tuoi outfit.

Breve storia della moda per adolescenti
- *dagli stili classici alle vibrazioni moderne*

La moda per adolescenti è sempre stata sinonimo di libertà, creatività e identità. Ogni generazione ha reinventato cosa significa essere "alla moda".

- **Anni '50 - Gli inizi retrò**

Gonne ampie, cardigan e acconciature curate erano popolari. Gli adolescenti iniziarono a influenzare la moda per la prima volta!

- **Anni '70-'80 - Gli anni della ribellione**

Rock, punk e disco esplosero. I ragazzi mescolavano giacche di pelle, denim e stampe audaci - la moda divenne un modo di protestare e divertirsi.

- **Anni '90-2000 - Stile cool e casual**

Lo Streetwear dominava: jeans larghi, crop top, felpe e sneakers. Comfort e atteggiamento insieme.

- **Oggi - Libertà creativa**

La moda adolescenziale moderna fonde tutto: pezzi vintage, look gender-neutral, vestibilità oversize, ispirazione Y2K e scelte eco-friendly.

La parte migliore? *Non ci sono più regole rigide - la moda è essere te stesso.*

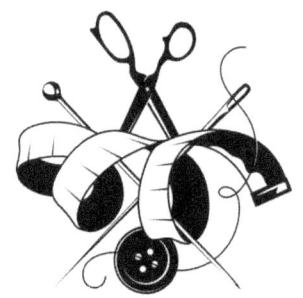

Silhouette e forme del corpo adolescenziale
- trova il tuo stile

Ogni outfit parte da una silhouette - la forma che definisce l'umore e il movimento del tuo design.

- **Vestibilità morbida** - ampia, casual, comoda. Perfetta per felpe, t-shirt e Streetwear.
- **Aderente** - valorizza la forma naturale del corpo. Ideale per vestiti o giacche su misura.
- **Linea ad A** - leggermente svasata; divertente e lusinghiera per gonne e abiti.
- **A strati** - combina top oversize con pantaloni aderenti (o viceversa). Aggiunge personalità!

Suggerimento: non stressarti per le proporzioni "perfette" - usale solo come guida. Ciò che conta è come il design ti fa sentire.

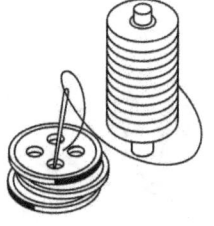

Teoria del colore nella moda per adolescenti
- *esprimiti!*

Il colore fa risaltare un design e racconta chi sei prima ancora che tu dica una parola.

- **Toni caldi vs. freddi**

Colori caldi (rossi, gialli, corallo) = energia e divertimento. Colori freddi (blu, verdi, viola) = calma e sicurezza.

- **Contrasto ed equilibrio**

Gli opposti si attraggono! Prova accostamenti come bianco & nero o rosa & turchese per effetti audaci. Le sfumature morbide (pastelli o neutri) danno un'atmosfera rilassata ed estetica.

- **Ispirazione stagionale -**
    - *Primavera*: pastelli e toni chiari
    - *Estate*: colori vivaci e solari
    - *Autunno*: tonalità calde e naturali
    - *Inverno*: contrasti scuri e tocchi brillanti
- **La tua palette personale**

Pensa ai colori che ti rappresentano. Mescola, prova e trova il tuo stile unico!

Tessuti e texture
- come i vestiti prendono vita

Il tessuto cambia completamente il modo in cui un design si sente e si muove.

- **Cotone e jersey** - morbidi, traspiranti, perfetti per look quotidiani.
- **Denim** - intramontabile e resistente. Dalle giacche ai jeans, non passa mai di moda.
- **Raso e seta** - lucenti, eleganti, ideali per outfit formali o glamour.
- **Maglia e pile** - texture accoglienti per capi casual o sportivi.
- **Pelle e similpelle** - aggiungono carattere e personalità al look.

Esercizio: disegna lo stesso outfit due volte - una in denim e una in raso. Nota come cambia completamente l'atmosfera!

Strumenti per il disegno di moda
- *tradizionali e digitali*

Gli strumenti giusti rendono il disegno divertente e danno vita alle tue idee.

- **Matite** - perfette per contorni rapidi e ombreggiature.
- **Pennarelli** - ottimi per esperimenti di colore e dettagli alla moda.
- **Matite colorate** - ideali per sfumature morbide o gradienti.
- **Pennarelli a punta fine** - per definire forme, motivi o contorni.
- **Acquerelli** - aggiungono movimento e un tocco artistico.
- **Strumenti digitali** - tablet o app (come Procreate o Ibis Paint) permettono di provare colori infiniti e correggere facilmente gli errori!

Ricorda: *non aspettare gli strumenti perfetti - inizia con ciò che hai. La creatività vale più dell'attrezzatura.*

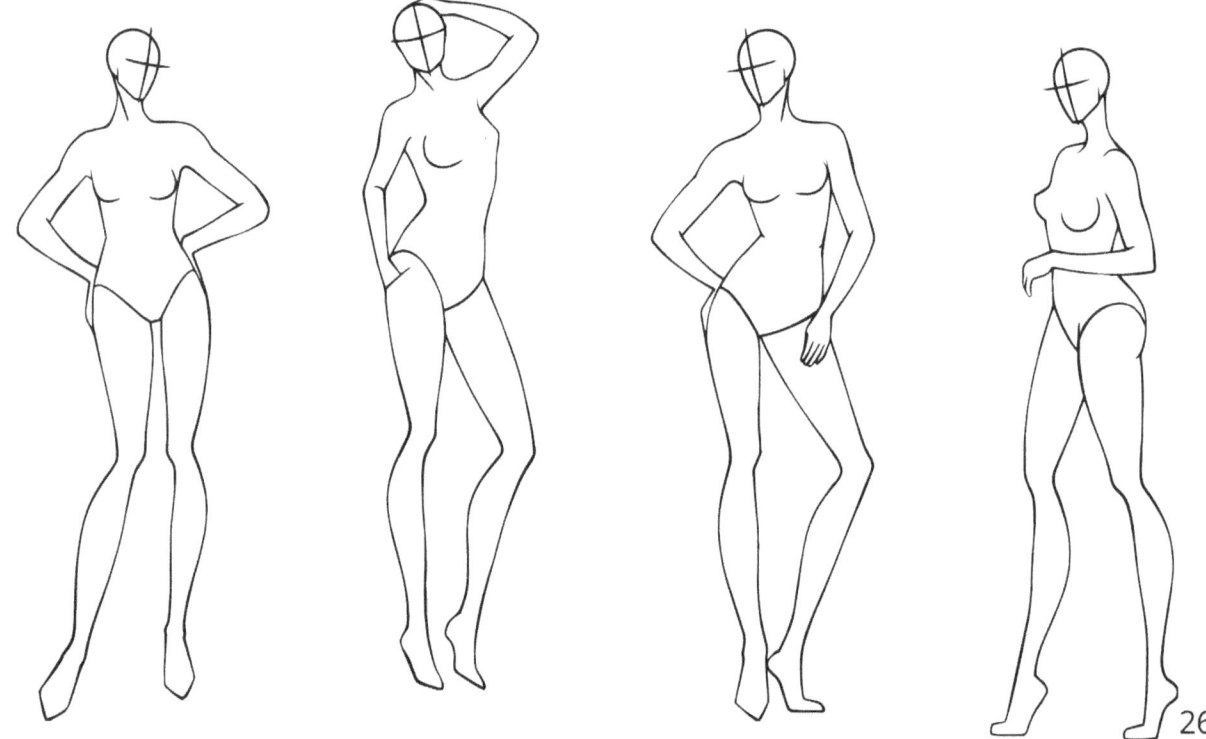

Passo dopo passo:
outfit da giorno (stile quotidiano)

La moda di tutti i giorni = comfort + personalità.

Ecco come disegnare il tuo primo outfit casual:
- Parti dalla silhouette di base. Scegli una figura morbida o leggermente aderente.
- Aggiungi i capi dell'outfit. Prova una t-shirt, un top corto o una felpa.
- Scegli la parte inferiore. Jeans, shorts o una gonna leggera.
- Aggiungi accessori. Zaini, sneakers o gioielli a strati.
- Gioca con i colori. Mescola neutri con una tonalità vivace.

Consiglio: *un buon look casual sembra naturale ma trasmette sicurezza.*

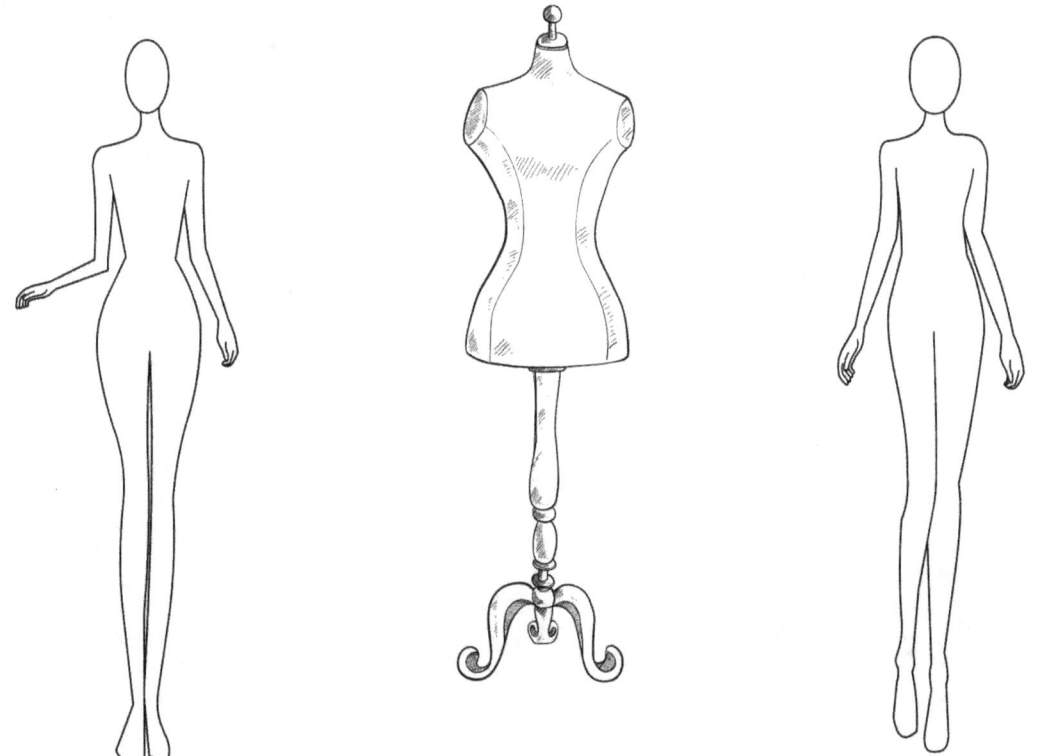

Passo dopo passo:
look da festa o da sera

È il momento di brillare!

Creare abiti da festa significa esprimere sicurezza e creatività.
- Scegli la silhouette: aderente, svasata o fluida?
- Scegli i tessuti: raso, paillettes, tulle - tutto ciò che spicca.
- Aggiungi dettagli speciali: volant, scintillii, spalle scoperte o maniche audaci.
- Seleziona i colori: metallizzati, tonalità gioiello o sfumature profonde.
- Completa con accessori: tacchi, borse o collane a girocollo.

Obiettivo: *far sentire l'outfit speciale - qualcosa che celebri la tua energia.*

Errori comuni di design

(e come evitarli)

Anche i professionisti li fanno - quindi imparali presto e risparmia frustrazione!

- **Troppi dettagli** - spesso la semplicità vince. Scegli un solo punto focale.
- **Ignorare il movimento** - immagina sempre come il tessuto scorre quando viene indossato.
- **Eccesso di colore** - bilancia i toni vivaci con neutri.
- **Proporzioni errate** - mantieni equilibrio tra parte superiore e inferiore.
- **Copiare le tendenze alla cieca** - usa l'ispirazione, ma aggiungi il tuo tocco personale.

Ricorda: ogni errore è una lezione creativa - ti aiuta a crescere più in fretta.

Consigli e trucchi
per giovani designer

- Disegna molte versioni della stessa idea - così nascono le vere collezioni.
- Prova look mix-and-match - rendi ogni capo riutilizzabile in nuovi outfit.
- Tieni un piccolo moodboard di moda - foto, frasi, campioni di tessuto, colori.
- Studia proporzioni e movimento dei tessuti - i vestiti devono "vivere".
- Non confrontare il tuo stile - sviluppa la tua estetica passo dopo passo.

Il design non è perfezione, è raccontare una storia attraverso i vestiti.

Guida passo dopo passo
a questo quaderno

Questo quaderno è più di pagine bianche - è il tuo diario creativo.

Ecco come usarlo al meglio:

- **Pratica**: inizia con i modelli. Concentrati sulla fiducia, non sulla perfezione.
- **Sperimenta**: prova palette, tessuti e texture nuove.
- **Documenta**: usa le pagine per appunti o per incollare ispirazioni.
- **Crea collezioni**: progetta outfit a tema - scuola, Streetwear, eleganti, ecc.
- **Rivedi**: confronta vecchi e nuovi schizzi per vedere i tuoi progressi.

Alla fine, non avrai solo disegni - ma la tua evoluzione personale nella moda.

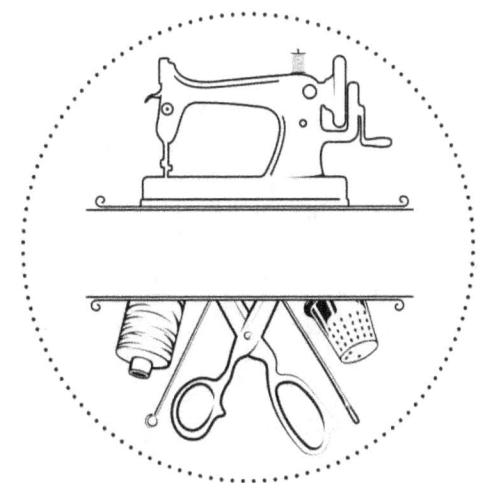

Fondamenti del disegno di moda
- *passo dopo passo*

Imparare a disegnare moda significa esercitarsi. Segui questo semplice processo:

- **Passo 1:**

Disegna un contorno leggero della silhouette adolescenziale (vista frontale).

- **Passo 2:**

Aggiungi le forme base dei capi (felpa, gonna, pantaloni, abito).

- **Passo 3:**

Includi i dettagli - cuciture, bottoni, colletti, motivi.

- **Passo 4:**

Usa le linee per mostrare il tipo di tessuto (morbido o rigido).

- **Passo 5:**

Aggiungi ombreggiature e colore.

- **Passo 6:**

Definisci le linee finali e scrivi note.

Mini sfida: disegna un outfit per un "weekend rilassato" e uno per un "evento speciale". Nota come piccoli cambiamenti (colore, texture) cambiano completamente l'atmosfera!

Look di moda quotidiano semplice e veloce

Mettiamo tutto in pratica!

5 passi semplici:
- Disegna una posa casual.
- Aggiungi capi comodi - t-shirt, jeans o felpa.
- Inserisci alcuni accessori - borsa, scarpe, gioielli.
- Scegli la tua palette di colori (prova neutri + un tocco vivace).
- Aggiungi ombre e texture per dare vita al disegno.

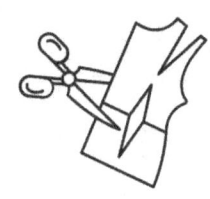

Nota di stile: i look quotidiani sono perfetti per esercitarsi su proporzioni, movimento ed equilibrio.

Domande di riflessione:
- Quale outfit indosseresti ogni giorno se potessi?
- Quale combinazione di colori ti rappresenta di più?

Usa questo spazio per disegnare la tua idea - divertiti e disegna senza pensarci troppo!

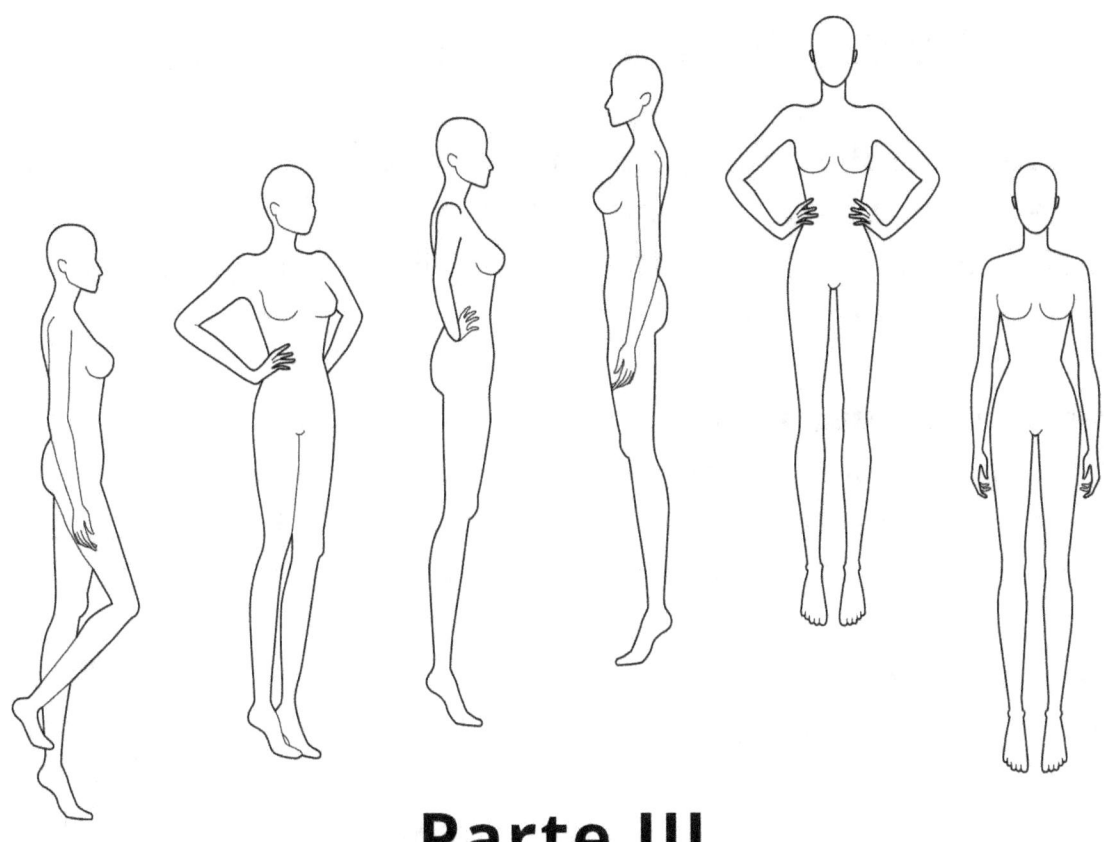

Parte III
- Quaderno di schizzi ed esercizi

Qui è dove la tua creatività prende davvero il volo.

Hai imparato le basi - ora è il momento di esplorare, disegnare e creare il tuo universo della moda.

Queste pagine sono il tuo spazio di gioco: sperimenta, colora, sbaglia, e soprattutto - divertiti.

Guida alla pratica di moda e note

La moda è esplorazione, non perfezione. Usa questa pagina per provare qualcosa di audace - anche se ti sembra fuori dalla tua zona di comfort. Gli errori fanno parte della crescita, e ogni schizzo ti insegna qualcosa di nuovo.

Come usare questa pagina:
- Sperimenta con proporzioni che di solito non disegni.
- Aggiungi strati per vedere come interagiscono i tessuti.
- Usa le note per descrivere il movimento o il flusso del capo.

Riflessione e note:
- Quale nuova tecnica ho provato oggi?
- Il design sembrava equilibrato?
- Quale dettaglio potrei migliorare nel prossimo schizzo?

Suggerimento: Gli esperimenti audaci spesso portano alle idee più originali.

Ispirazione outfit: Streetwear

Il potere della stratificazione

Lo streetwear è tutto un gioco di strati: è divertente, creativo e ti offre infinite combinazioni. Inizia con una base semplice come una canotta o una maglietta corta, poi aggiungi felpe oversize, giacche di jeans o camicie di flanella. Prova ad annodare uno strato in vita o ad aggiungere una felpa sotto un trench. Ogni capo cambia l'intero look.

Gioca con gli opposti: tessuti morbidi sotto capi strutturati, oppure stampa audace con colori neutri. La stratificazione non è solo stile - è anche pratica, perfetta per i cambi di stagione o d'umore.

Prova questo: *Disegna un outfit partendo da una t-shirt e pantaloni cargo, poi aggiungi una felpa con zip, una giacca oversize e delle sneakers. Nota come ogni nuovo strato aggiunge personalità.*

Tendenze

Ispirazione

Tessuti

Note

Dettagli

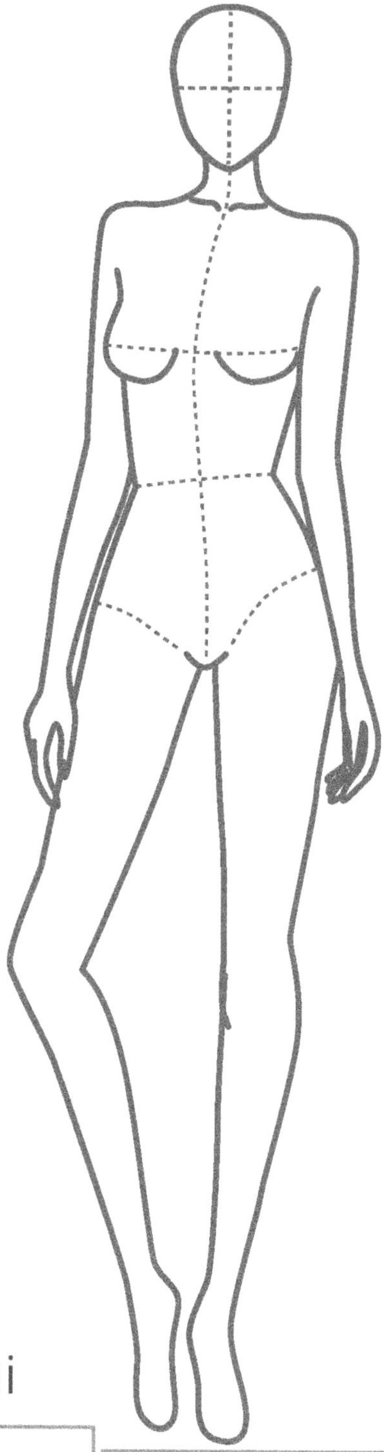

Campioni

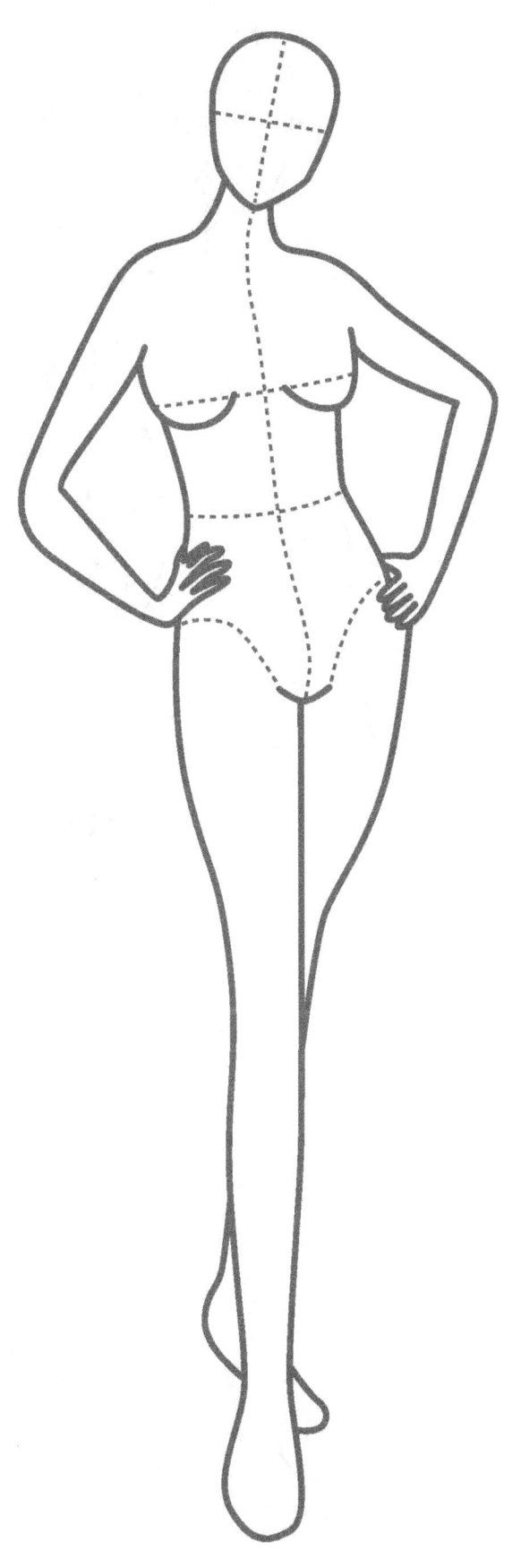
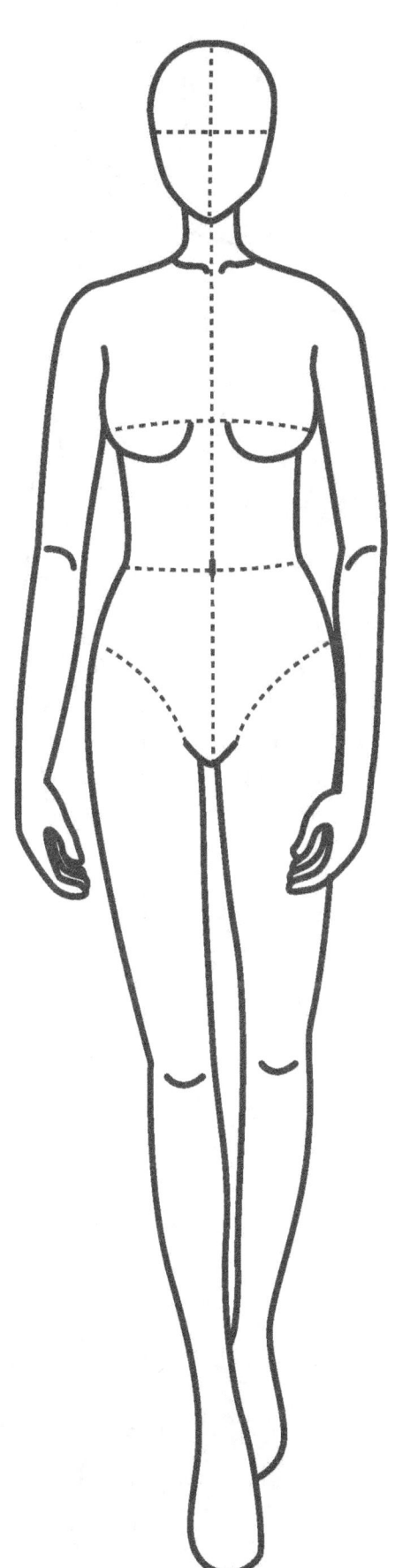

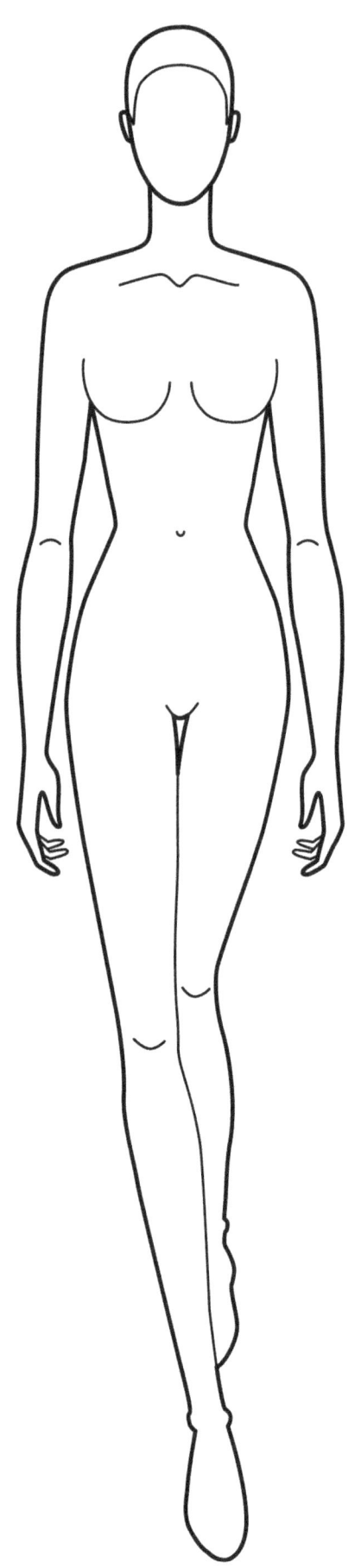
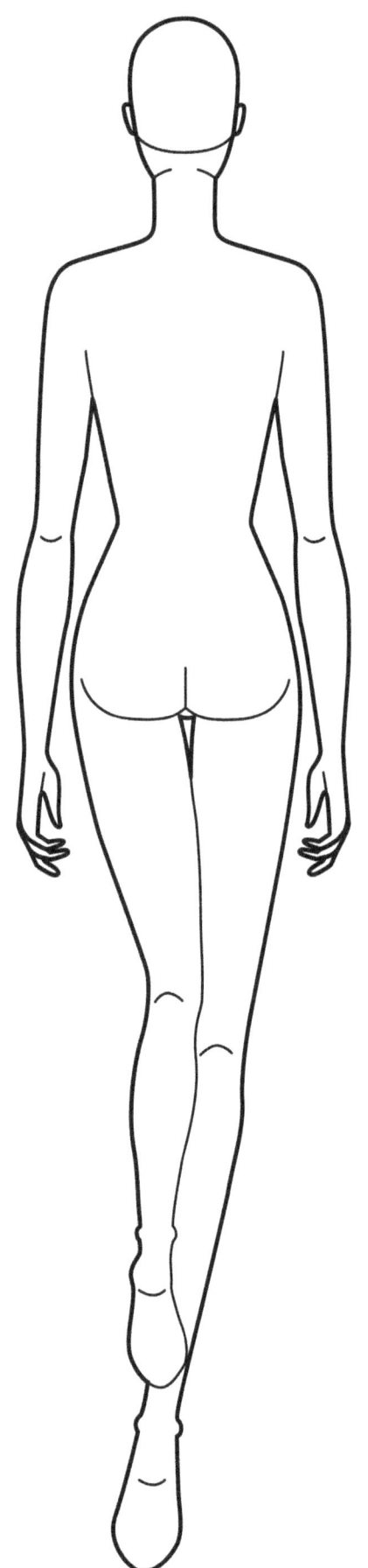

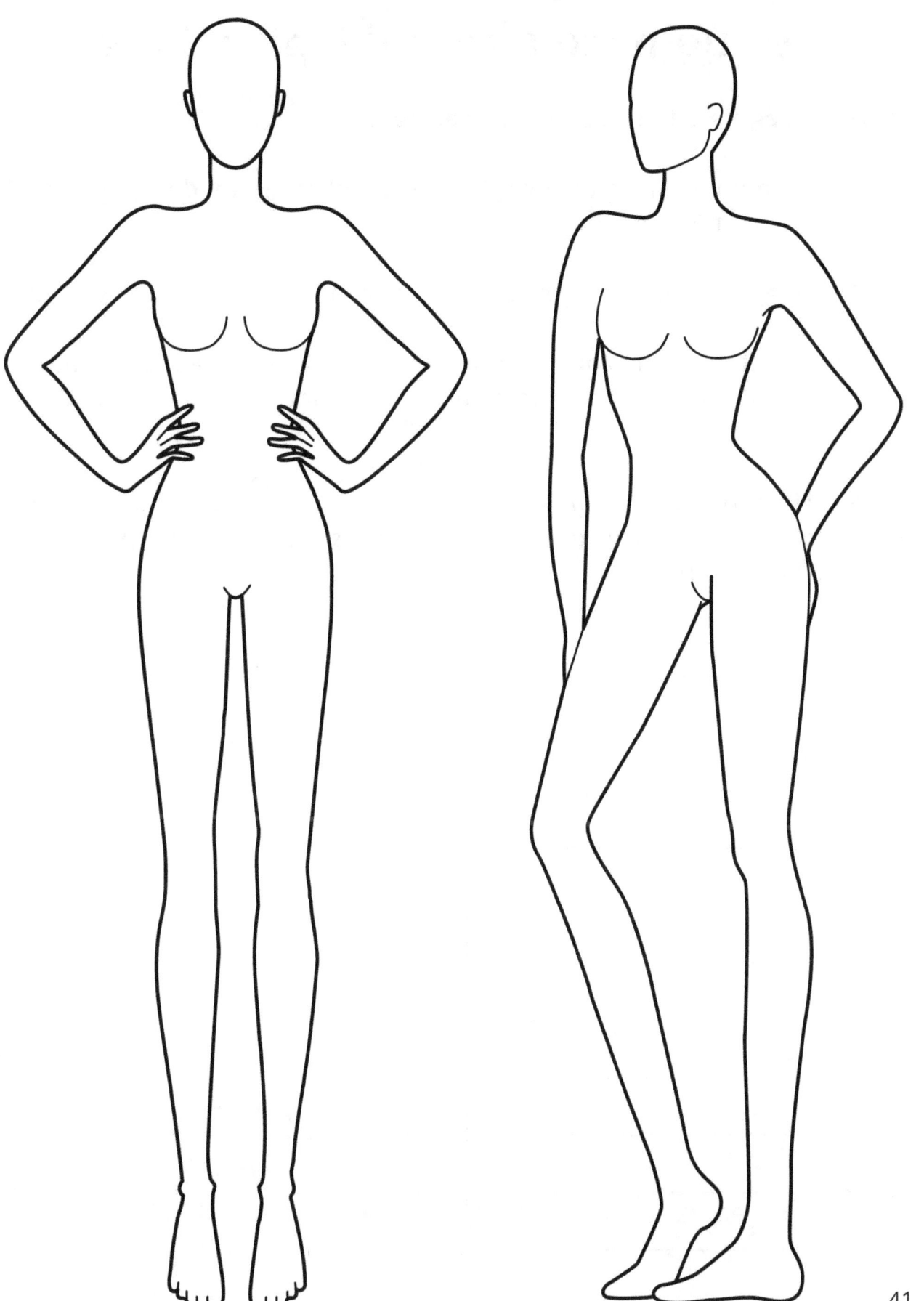

Le tue note e foto d'ispirazione

Questa pagina è la tua galleria creativa.

Usala per monitorare i tuoi progressi, raccogliere i tuoi design preferiti e riflettere sul tuo percorso.

- Aggiungi schizzi, immagini d'ispirazione o ritagli per dare vita alle tue idee di moda.
- Scrivi dettagli come colori, tessuti o elementi che ti hanno ispirato.
- Lascia spazio per tornare in futuro e confrontare come evolve il tuo stile.

Suggerimento: Anche un solo ritaglio o un campione può ispirare un'intera collezione. Non avere paura di conservare anche i più piccoli dettagli che ti ispirano.

Ispirazione outfit: School Chic & Party Glam

Ispirazione School Chic

Pensa a look quotidiani che mostrano comunque la tua personalità. Prova una gonna plissettata con un maglione corto, oppure jeans larghi con una maglietta infilata e scarpe da ginnastica. Aggiungi una giacca leggera o un blazer per un tocco elegante ma naturale. Accessori come collane a strati o zaini alla moda completano l'insieme.

Ispirazione Party Glam

Per le occasioni speciali o il divertimento del weekend, punta su brillantezza e movimento. Gonne metalliche, top con paillettes o abiti leggeri con scarpe con plateau: tutto è permesso! Aggiungi gioielli vistosi o una miniborsa per un tocco di luce in più.

L'obiettivo: sentirti sicura, divertirti e rendere ogni outfit un momento unico.

Guida alla pratica di moda e note

Il design non deve essere perfetto - è tutta una questione di sperimentazione! Prova a disegnare rapidamente e scopri cosa nasce in modo naturale.

Come usare questa pagina:
- Fai uno schizzo di riscaldamento di 5 minuti.
- Concentrati su un solo elemento (come le maniche o le scarpe).
- Aggiungi note su colore, tessuto o forma.

Riflessione e note:
- Disegnare velocemente mi ha aiutato a essere più creativo?
- Quale dettaglio mi piace di più?
- Cosa cambierei la prossima volta?

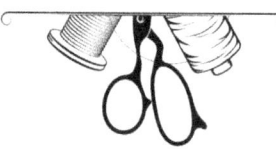

Suggerimento: Gli schizzi rapidi ti aiutano a sciogliarti e a pensare come un vero stilista.

_____

_____

_____

_____

_____

_____

_____

_____

Ispirazione outfit: Streetwear

Energia Athleisure: sportiva e cool

Lo stile athleisure è comfort con atteggiamento. Immagina pantaloni sportivi con top corti, felpe oversize o giacche con zip. Mantieni l'equilibrio - pantaloni larghi con top aderenti o il contrario.

Aggiungi accessori divertenti: cappelli a secchiello, scarpe da ginnastica massicce, borse a tracolla piccole.

Focus sui tessuti: mischie di cotone, spandex e maglieria leggera. Inserisci un capo lucido o colorato per far risaltare l'outfit.

Suggerimento: Disegna un look che possa andare direttamente da scuola al weekend - comodo, moderno e sicuro di sé.

Tendenze

Ispirazione

Tessuti

Note

Dettagli

Campioni

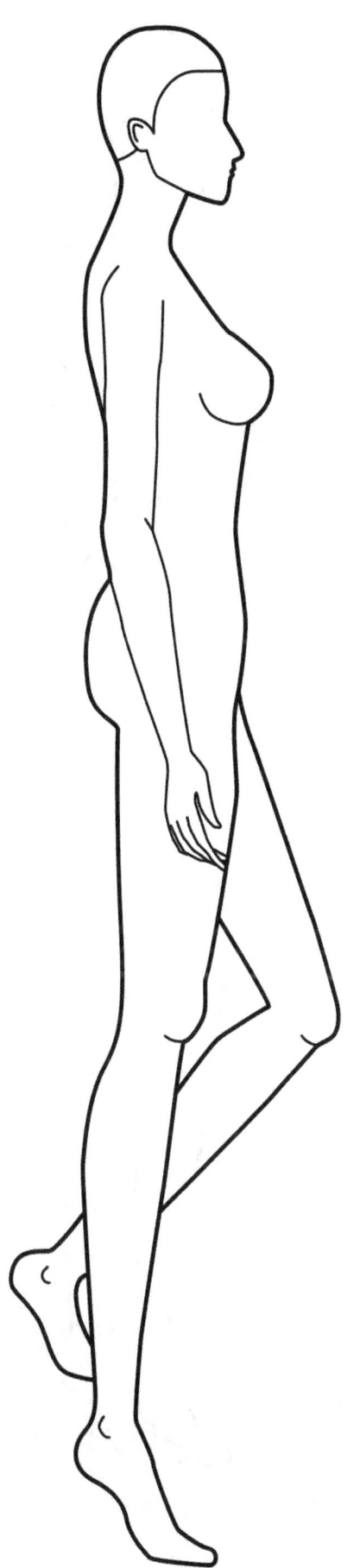
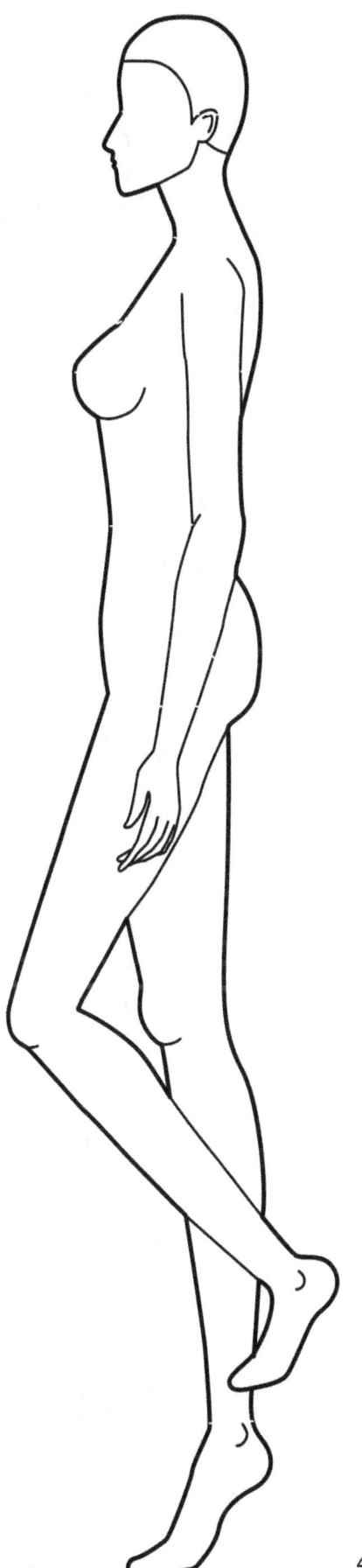

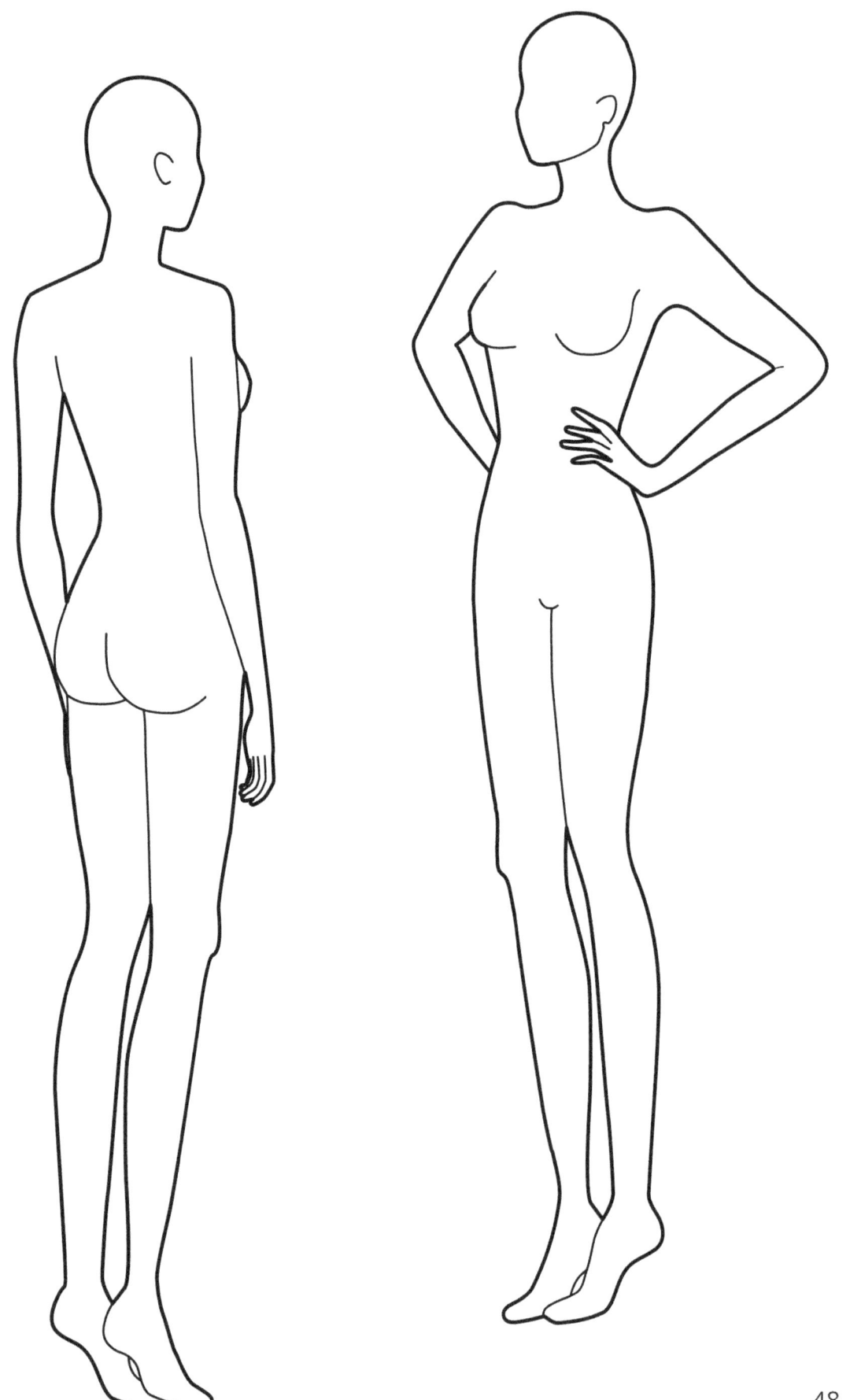

Le tue note e foto d'ispirazione

Questa pagina è la tua galleria creativa.

Usala per monitorare i tuoi progressi, raccogliere i tuoi design preferiti e riflettere sul tuo percorso.

- Aggiungi schizzi, immagini d'ispirazione o ritagli per dare vita alle tue idee di moda.
- Scrivi dettagli come colori, tessuti o elementi che ti hanno ispirato.
- Lascia spazio per tornare in futuro e confrontare come evolve il tuo stile.

Suggerimento: Anche un solo ritaglio o un campione può ispirare un'intera collezione. Non avere paura di conservare anche i più piccoli dettagli che ti ispirano.

Ispirazione outfit:
School Smart & Vibrazioni Futuristiche

Ispirazione School Smart

Pensa a un look "curato ma disinvolto". Pantaloni a gamba larga, top semplici e blazer o cardigan leggeri funzionano alla perfezione. Aggiungi tocchi di colore - pastelli o tonalità vivaci ma sobrie - per renderlo più divertente. Le scarpe possono essere sportive, mocassini o stivaletti. È uno stile intelligente, elegante e facile da indossare.

Ispirazione Futuristic Vibes

La moda futuristica è fatta di dettagli metallici e forme decise. Immagina giacche argentate, tessuti olografici o accessori geometrici. Mantieni il look audace ma equilibrato - abbina tessuti brillanti con capi semplici. Questo stile esprime creatività e sicurezza.

Guida alla pratica di moda e note

La moda racconta sempre una storia. Usa questa pagina per creare un design ispirato al tuo stato d'animo, alla tua canzone preferita o anche a un film.

Come usare questa pagina:
- Scegli un tema (come fiducia, viaggio o amicizia).
- Trasforma quell'idea in forme, linee e colori.
- Aggiungi dettagli che rendano il tuo outfit personale.

Riflessione e note:
- Il mio schizzo trasmette l'emozione che volevo?
- Quale dettaglio racconta meglio la mia storia?
- Cosa potrei aggiungere per renderlo più "mio"?

Suggerimento: *I tuoi migliori design nascono da ciò che ti ispira di più.*

_____
_____
_____
_____
_____
_____
_____
_____
_____

Ispirazione outfit: Streetwear

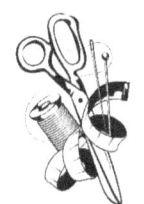

Il ritorno del denim: classico e moderno

Il denim non passa mai di moda. Jeans a vita alta, giacche corte, gonne patchwork - tutto è perfetto! Mescola lavaggi chiari e scuri o abbina più capi di denim per un tocco trendy.

Prova questo: disegna una giacca di jeans oversize con pantaloni larghi e una maglietta colorata. Aggiungi scarpe sportive, spille o una cintura particolare per farla risaltare.

La personalizzazione è la chiave: disegni, ricami o toppe fai-da-te possono trasformare un capo semplice in un look unico.

Suggerimento: Il denim è la tua tela - rendilo creativo come te.

Tendenze

Ispirazione

Tessuti

Note

Dettagli

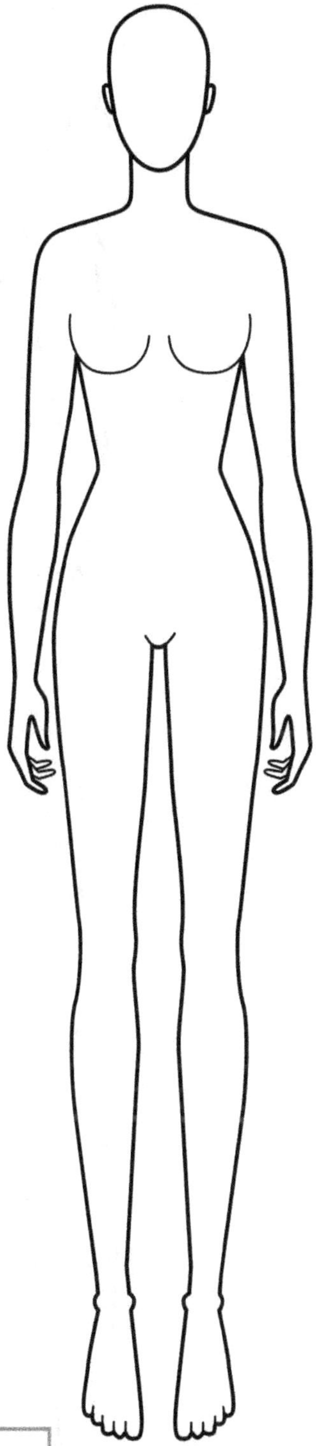

Campioni

53

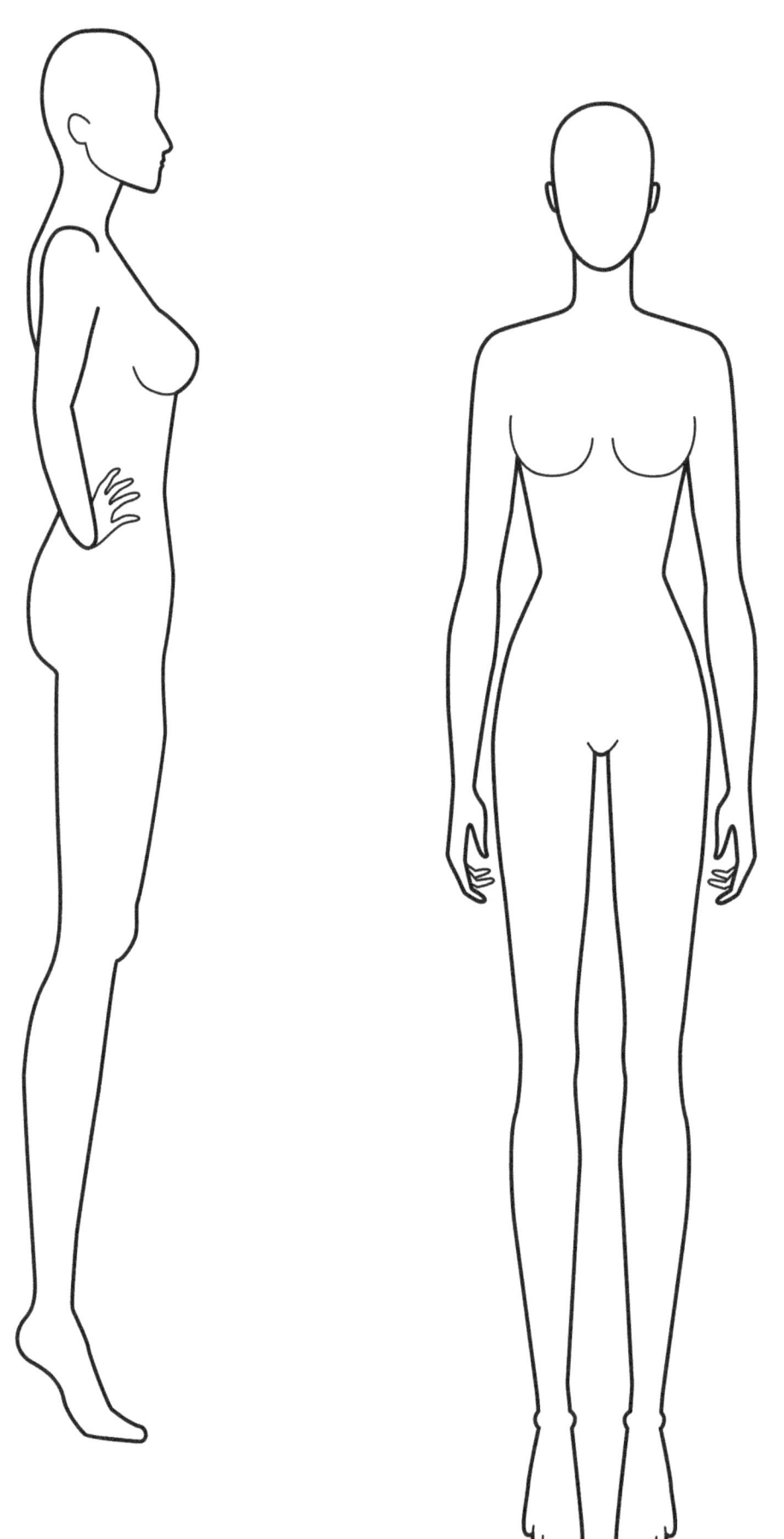

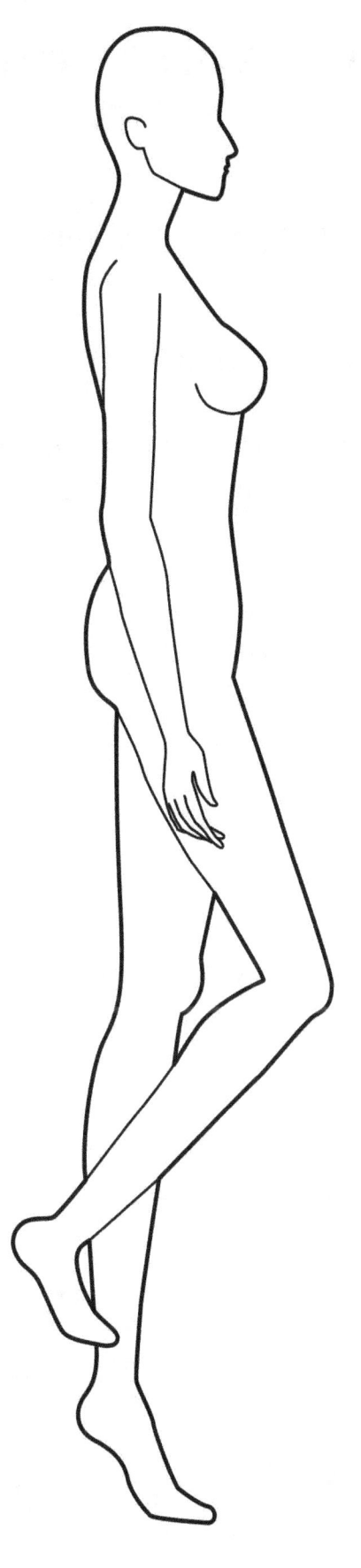
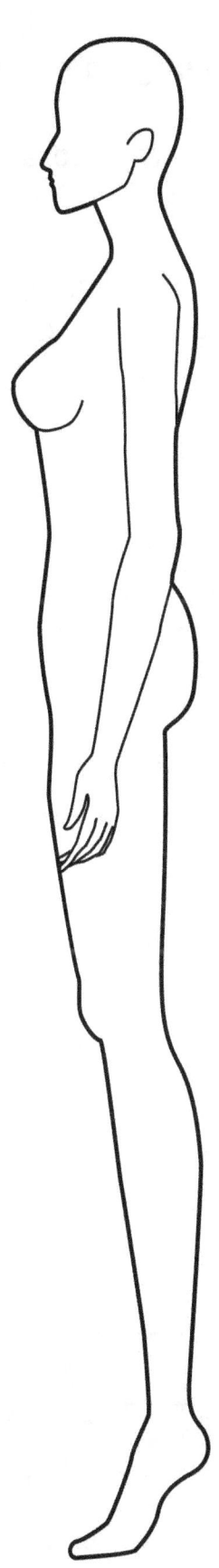

Le tue note e foto d'ispirazione

Questa pagina è la tua galleria creativa.

Usala per monitorare i tuoi progressi, raccogliere i tuoi design preferiti e riflettere sul tuo percorso.

- Aggiungi schizzi, immagini d'ispirazione o ritagli per dare vita alle tue idee di moda.
- Scrivi dettagli come colori, tessuti o elementi che ti hanno ispirato.
- Lascia spazio per tornare in futuro e confrontare come evolve il tuo stile.

Suggerimento: *Anche un solo ritaglio o un campione può ispirare un'intera collezione. Non avere paura di conservare anche i più piccoli dettagli che ti ispirano.*

Ispirazione outfit: Campus Creativo & Glamour da Festival

Ispirazione Campus Creativo

Esprimiti anche nei giorni più semplici. Pantaloni con fantasia, magliette con stampe o accessori audaci. Maglioni oversize o lunghi cardigan mantengono lo stile comodo ma originale. Unisci praticità scolastica e creatività personale.

Ispirazione Glamour da Festival

Musica, colore e libertà! Pensa ad abiti leggeri, top corti con frange e gioielli sovrapposti. Aggiungi dettagli metallici o stampe vivaci. Questo look parla di gioia e autoespressione - perfetto per disegnare il tuo outfit estivo da sogno.

Guida alla pratica di moda e note

Le regole sono fatte per essere infrante! Usa questa pagina per sperimentare combinazioni nuove o abbinamenti inaspettati.

Come usare questa pagina:
- Unisci due stili diversi (come sportivo ed elegante).
- Aggiungi accessori che cambino l'atmosfera dell'outfit.
- Scrivi note su cosa ha funzionato o meno.

Riflessione e note:
- Ho scoperto una nuova idea di stile?
- Cosa mi ha sorpreso di più?
- Indosserei davvero questo outfit?

Suggerimento: *I grandi stilisti si prendono dei rischi. Prova qualcosa di audace oggi!*

_____
_____
_____
_____
_____
_____
_____
_____
_____

Ispirazione outfit: Streetwear

Energia Oversize: gioca con le forme

Le silhouette grandi trasmettono sicurezza. Immagina una felpa enorme, pantaloni cargo o una giacca di jeans morbida. Bilancia i volumi: top larghi con pantaloni aderenti o top corti con pantaloni ampi.

I colori neutri sono sempre eleganti, ma una tonalità vivace o pastello può dare carattere.

Suggerimento: *Quando disegni, esagera un po' le forme - renderà il tuo design più dinamico e deciso.*

Tendenze

Ispirazione

Tessuti

Note

Dettagli

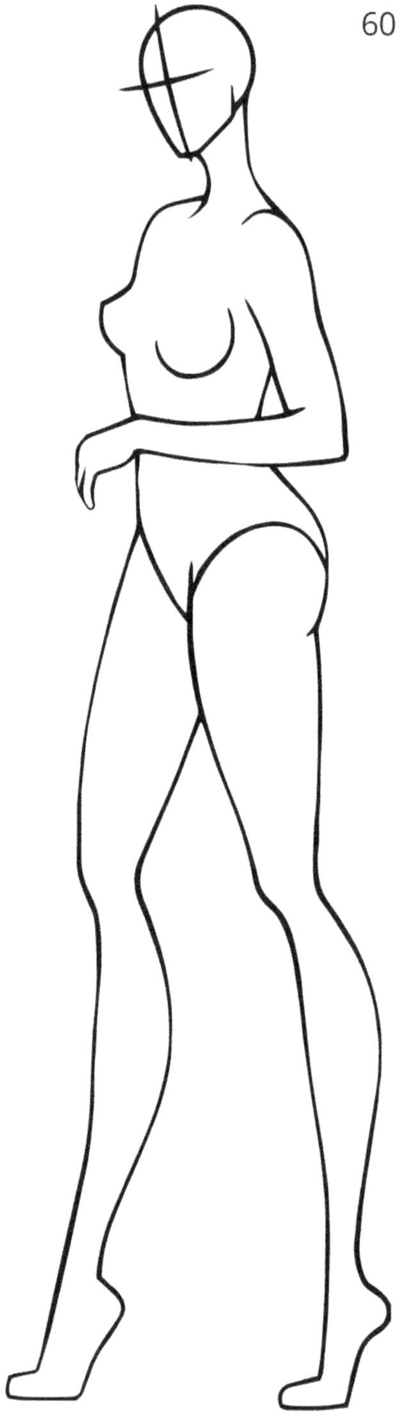

Campioni

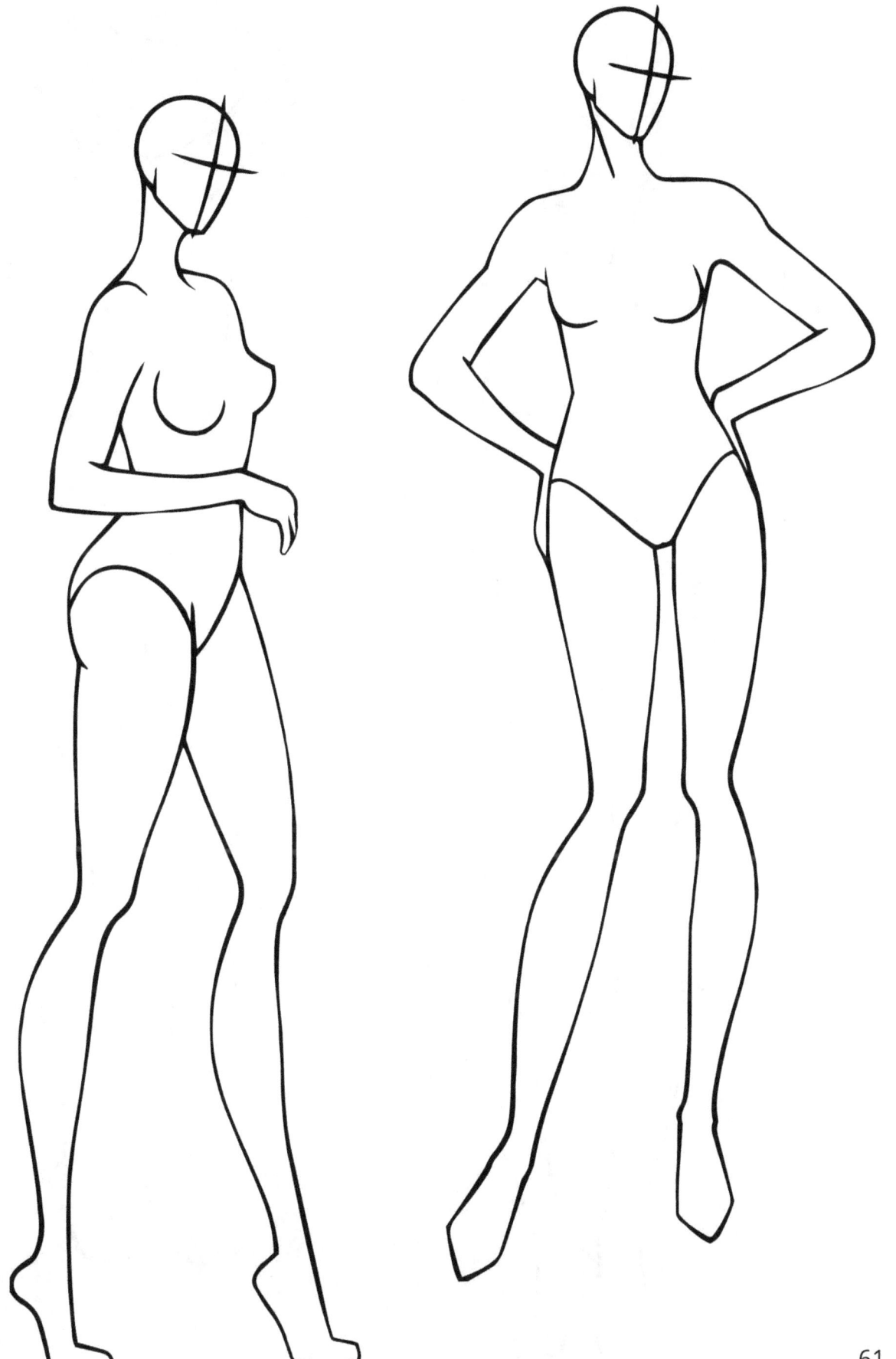

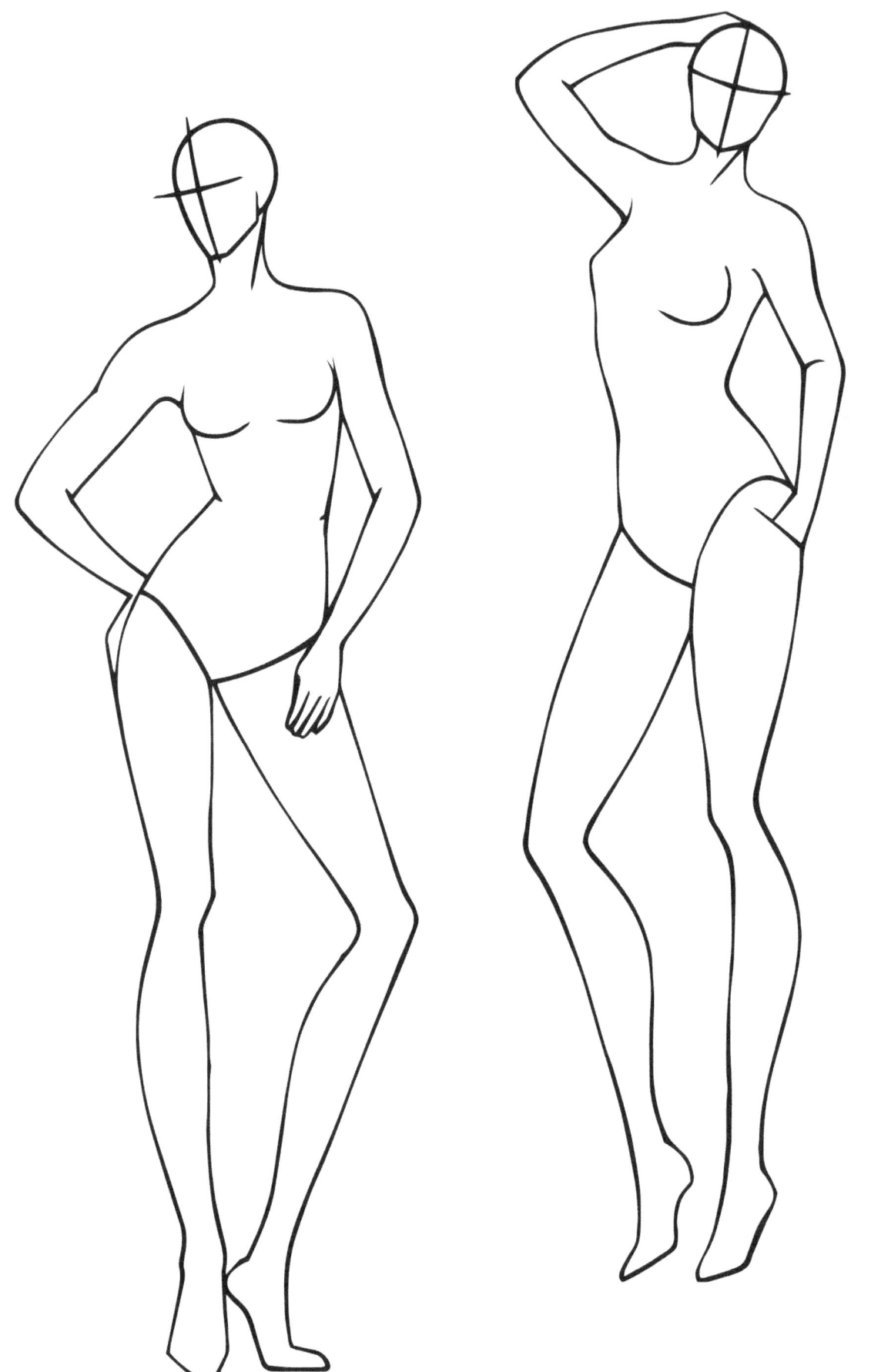

Le tue note e foto d'ispirazione

Questa pagina è la tua galleria creativa.

Usala per monitorare i tuoi progressi, raccogliere i tuoi design preferiti e riflettere sul tuo percorso.

- Aggiungi schizzi, immagini d'ispirazione o ritagli per dare vita alle tue idee di moda.
- Scrivi dettagli come colori, tessuti o elementi che ti hanno ispirato.
- Lascia spazio per tornare in futuro e confrontare come evolve il tuo stile.

Suggerimento: *Anche un solo ritaglio o un campione può ispirare un'intera collezione. Non avere paura di conservare anche i più piccoli dettagli che ti ispirano.*

Ispirazione outfit:
Abbigliamento quotidiano sicuro & Glamour sostenibile

Ispirazione abbigliamento quotidiano sicuro

Il "power dressing" non è solo per gli adulti - significa sentirsi pronti ad affrontare la giornata. Prova un blazer aderente sopra jeans larghi oppure un abito-camicia con scarpe da ginnastica. Colori intensi come smeraldo, prugna o blu navy mostrano sicurezza senza risultare troppo formali.

Ispirazione glamour sostenibile

Moda con uno scopo! Usa idee ecologiche come tessuti riciclati, dettagli di seconda mano o personalizzazioni fai-da-te. Immagina un abito da passerella realizzato con materiali riutilizzati o con motivi dipinti a mano. Si tratta di creatività che rispetta il pianeta.

Guida alla pratica di moda e note

I tuoi design devono essere belli e anche confortevoli. Pensa a come il tuo outfit funzionerebbe nella vita reale.

Come usare questa pagina:
- Progetta per una situazione (scuola, festa, gita del weekend).
- Immagina come la persona si muove indossandolo.
- Aggiungi note su comfort, tessuti e vestibilità.

Riflessione e note:
- Il mio outfit è facile da indossare?
- Cosa lo rende più pratico?
- Come potrei renderlo più versatile?

Suggerimento: I migliori design uniscono comodità e creatività.

_____
_____
_____
_____
_____
_____
_____
_____

Ispirazione outfit: Streetwear

Atteggiamento grafico: esprimiti con stile

Il tuo outfit può parlare per te! Grafiche e scritte audaci mostrano sicurezza e individualità. Prova magliette con slogan, felpe con disegni o giacche con decorazioni dipinte sul retro.

Sfida di design: Disegna una felpa con cappuccio e crea la tua grafica sul retro - magari le tue iniziali, una frase o un simbolo che ti rappresenti.

Consiglio sui tessuti: Nella realtà puoi usare la stampa serigrafica o le toppe - ma sulla carta, la tua immaginazione non ha limiti!

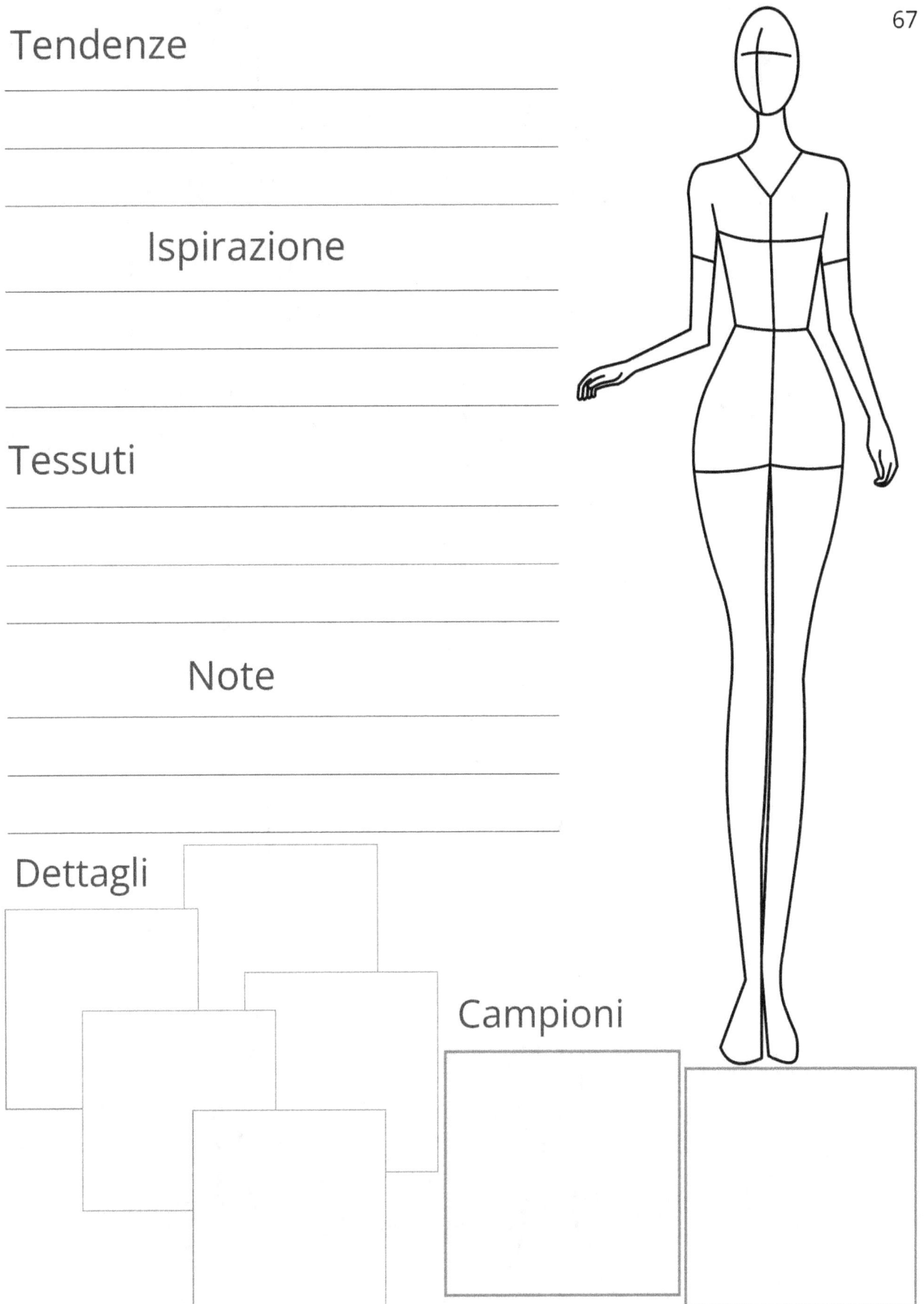

Tendenze

Ispirazione

Tessuti

Note

Dettagli

Campioni

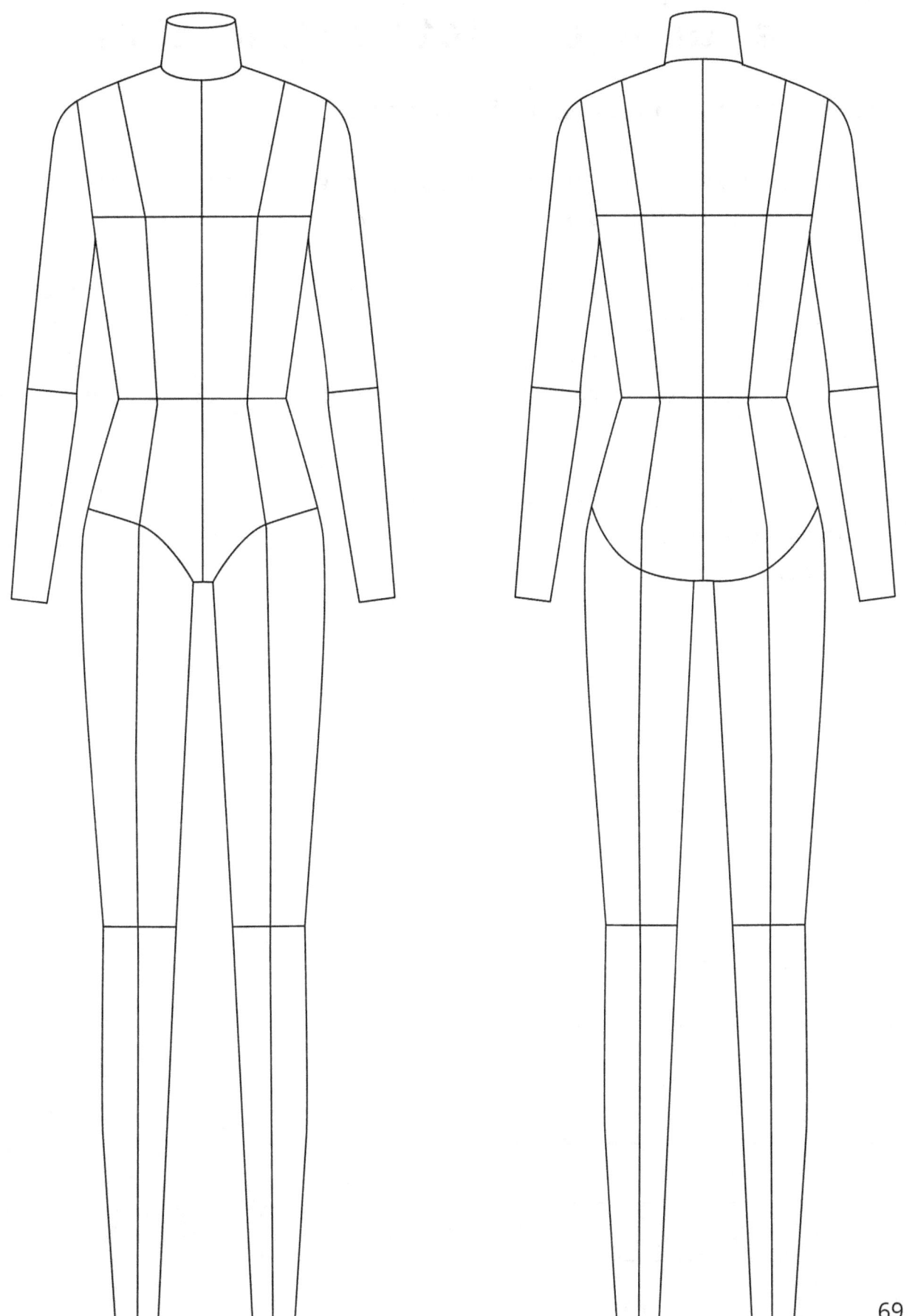

Le tue note e foto d'ispirazione

Questa pagina è la tua galleria creativa.

Usala per monitorare i tuoi progressi, raccogliere i tuoi design preferiti e riflettere sul tuo percorso.

- Aggiungi schizzi, immagini d'ispirazione o ritagli per dare vita alle tue idee di moda.
- Scrivi dettagli come colori, tessuti o elementi che ti hanno ispirato.
- Lascia spazio per tornare in futuro e confrontare come evolve il tuo stile.

Suggerimento: Anche un solo ritaglio o un campione può ispirare un'intera collezione. Non avere paura di conservare anche i più piccoli dettagli che ti ispirano.

Ispirazione outfit:
Casual Friday & Sogno Couture

Ispirazione Casual Friday

Elegante ma rilassato - pensa a jeans con un top carino e scarpe da ginnastica o stivaletti. Aggiungi un blazer per un tocco strutturato oppure sostituiscilo con una giacca di jeans per un effetto più disinvolto. Mantieni gli accessori semplici ma raffinati.

Ispirazione Sogno Couture

Pensa in grande, in modo teatrale e pieno di personalità! Immagina un abito fluido, tessuti metallici o fiocchi esagerati. L'alta moda non riguarda le regole - ma la fantasia. Crea qualcosa che sembri lussuoso e originale.

Guida alla pratica di moda e note

Le texture fanno risaltare i tuoi design!

Come usare questa pagina:
- Disegna un outfit e indica le idee di tessuto.
- Combina texture morbide e strutturate.
- Scrivi come ogni tessuto dovrebbe muoversi o sembrare.

Riflessione e note:
- Quale combinazione di texture funziona meglio?
- Ho bilanciato morbidezza e struttura?
- Come posso renderlo più realistico?

Suggerimento: *La giusta texture trasforma uno schizzo piatto in pura magia di moda.*

_____
_____
_____
_____
_____
_____
_____
_____
_____
_____

Ispirazione outfit: Streetwear

Neutri rilassati

Neutro non significa noioso! Beige, grigio, bianco e nero possono sembrare moderni se abbinati nel modo giusto. Prova pantaloni jogger con un top corto o un cappotto oversize con scarpe da ginnastica. Aggiungi un colore d'accento - come rosso o verde neon - per dare vita all'outfit.

Idea per lo schizzo: Disegna un outfit tutto neutro, poi aggiungi un dettaglio audace e osserva come cambia l'aspetto.

Tendenze

Ispirazione

Tessuti

Note

Dettagli

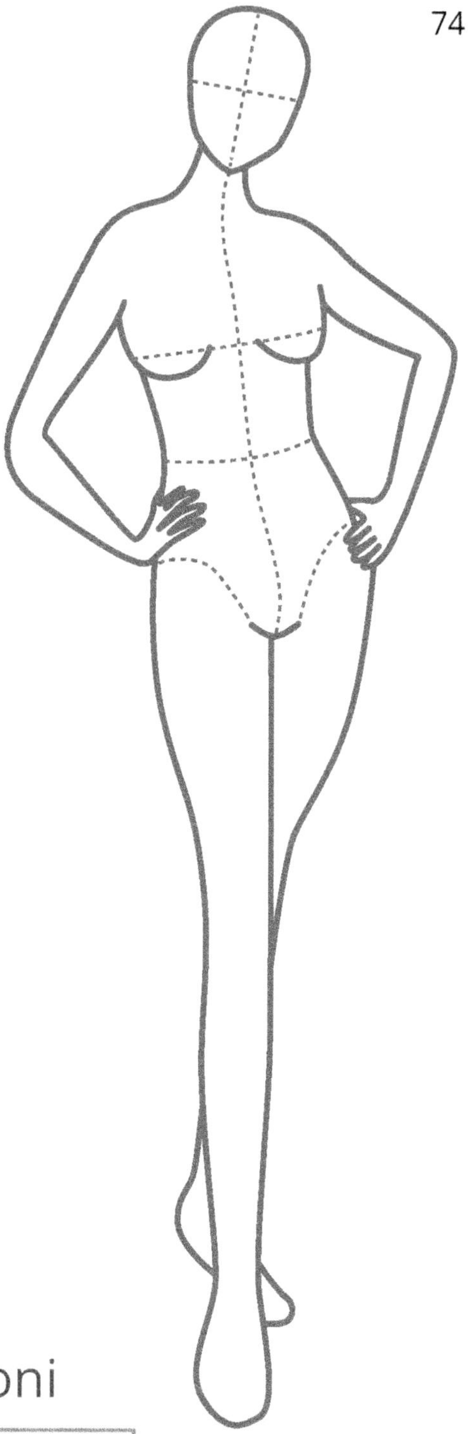

Campioni

74

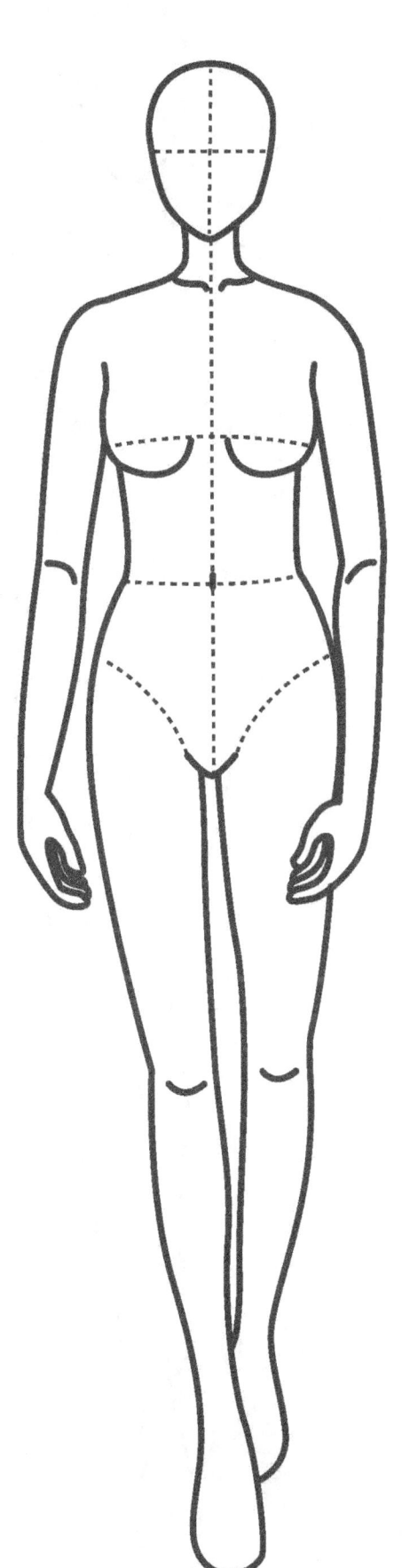
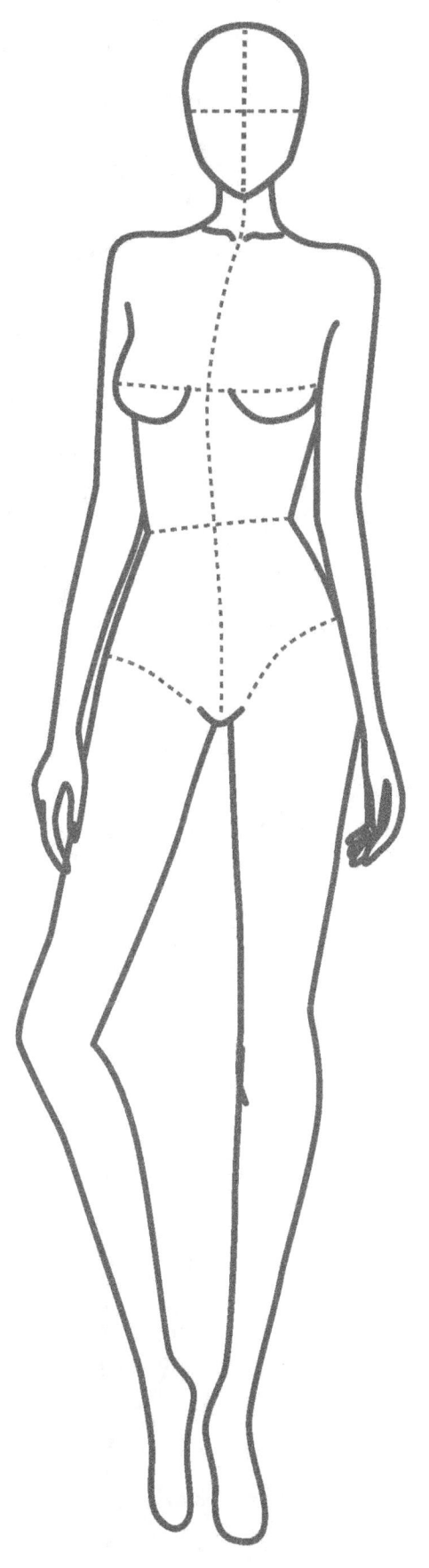

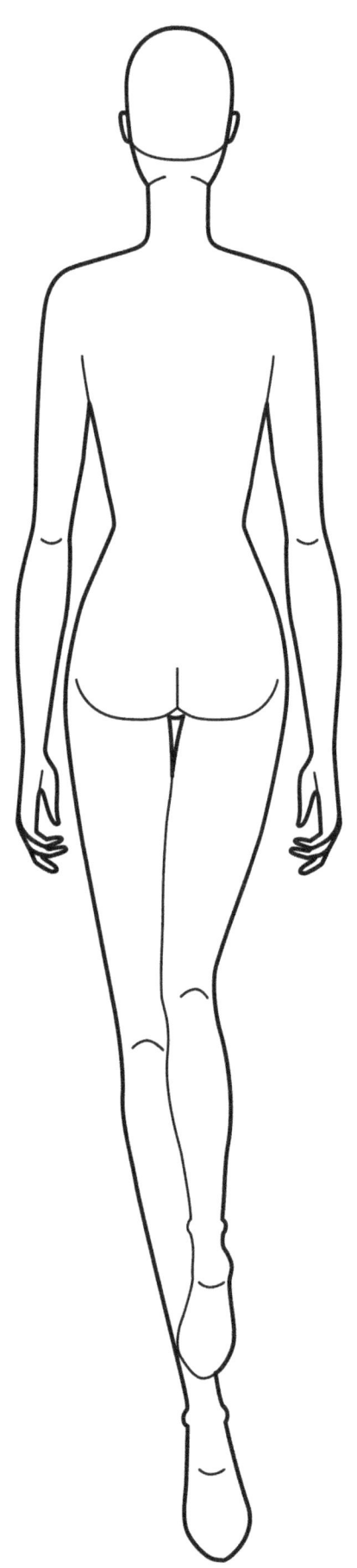
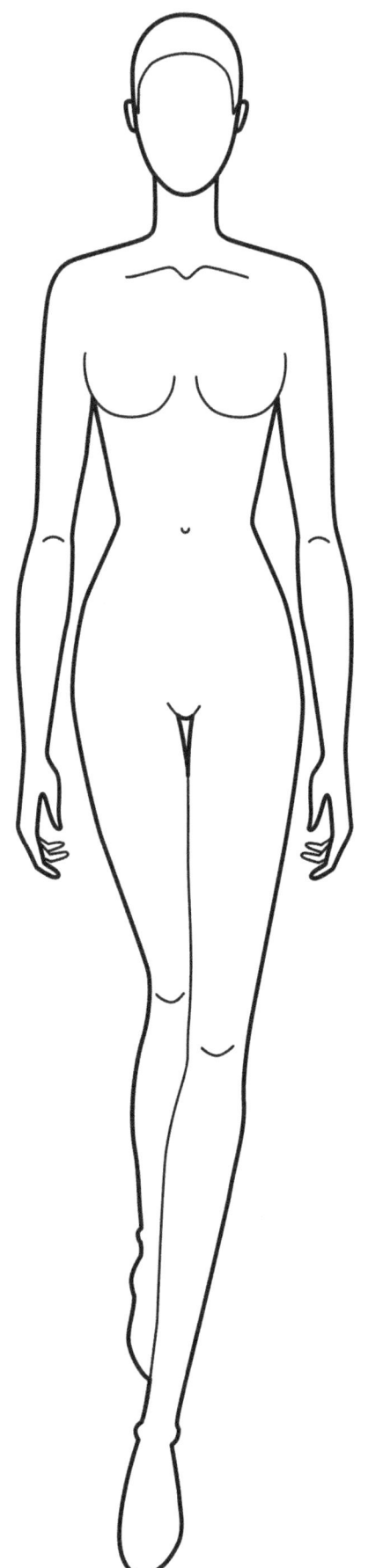

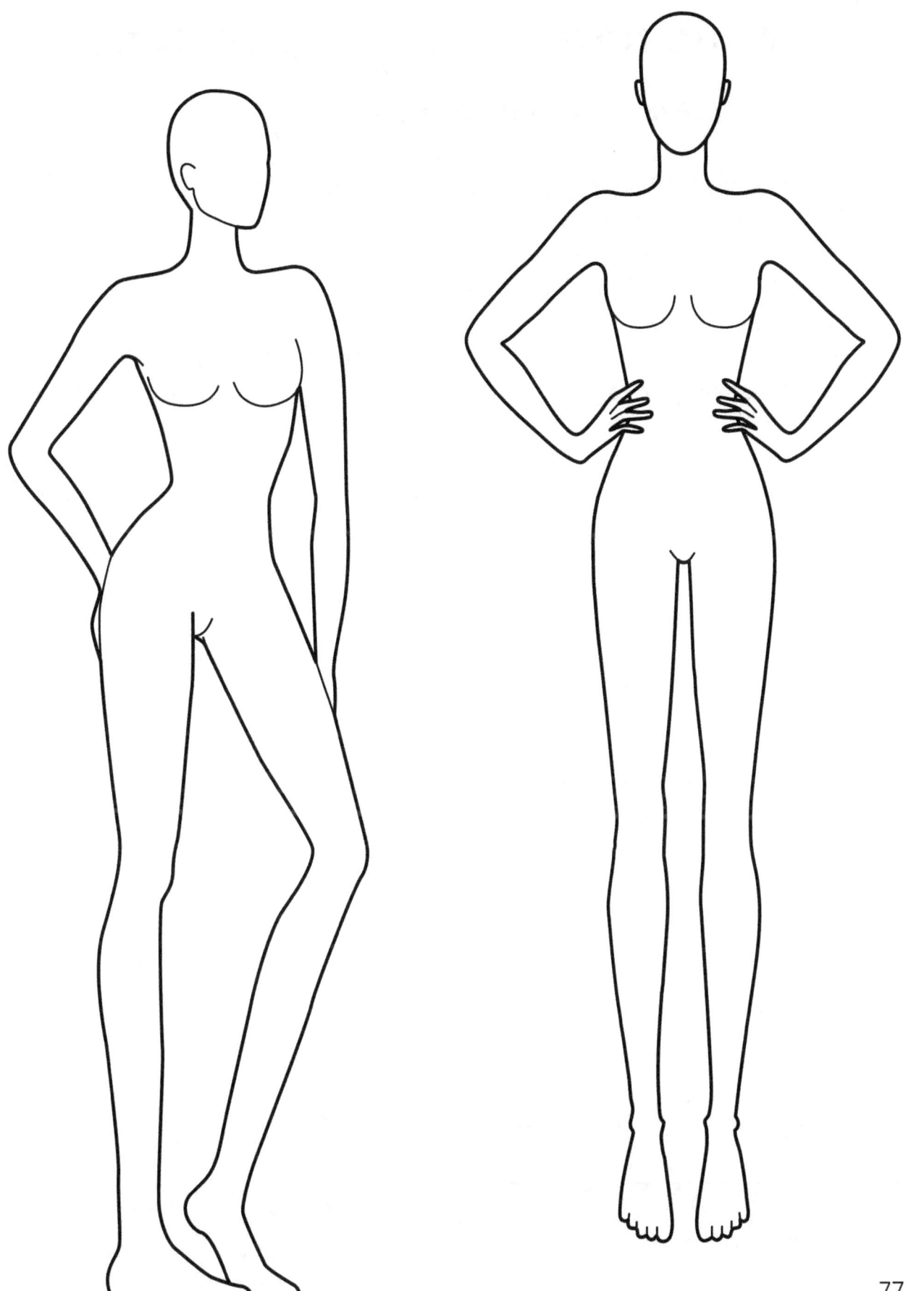

Le tue note e foto d'ispirazione

Questa pagina è la tua galleria creativa.

Usala per monitorare i tuoi progressi, raccogliere i tuoi design preferiti e riflettere sul tuo percorso.

- Aggiungi schizzi, immagini d'ispirazione o ritagli per dare vita alle tue idee di moda.
- Scrivi dettagli come colori, tessuti o elementi che ti hanno ispirato.
- Lascia spazio per tornare in futuro e confrontare come evolve il tuo stile.

Suggerimento: Anche un solo ritaglio o un campione può ispirare un'intera collezione. Non avere paura di conservare anche i più piccoli dettagli che ti ispirano.

Ispirazione outfit:
Tonalità monocromatiche & Glamour minimalista

Ispirazione tonalità monocromatiche

Scegli un colore e esplorane le sfumature - dal celeste al blu navy o dal rosa chiaro al rosa antico. Usa materiali diversi (maglia, raso, denim) per mantenerlo interessante. I look monocromatici trasmettono calma ma anche sicurezza.

Ispirazione glamour minimalista

Semplice non significa banale! Prova linee pulite, colori uniformi e un solo accessorio d'impatto. Pensa a una tuta elegante con orecchini luminosi o a un abito semplice con una pochette colorata.

Suggerimento: Il minimalismo è senza tempo - lascia che sia la silhouette a brillare.

Guida alla pratica di moda e note

Gli accessori possono cambiare completamente un outfit!

Come usare questa pagina:
- Parti da un outfit di base semplice.
- Prova ad aggiungere 2-3 set di accessori diversi.
- Confronta come ogni combinazione cambia l'atmosfera.

Riflessione e note:
- Quale versione mi rappresenta di più?
- Gli accessori aggiungono valore o distraggono?
- Come posso trovare un equilibrio la prossima volta?

Suggerimento: *Anche il più piccolo accessorio può fare la differenza più grande.*

Ispirazione outfit: Streetwear

Streetwear con un tocco femminile

Lo streetwear non deve per forza sembrare sportivo o maschile.

Puoi renderlo più morbido e giocoso aggiungendo dettagli femminili - come abbinare una minigonna alle scarpe da ginnastica o sovrapporre un abito sottoveste a una maglietta.

Prova con tessuti e texture: unisci gonne di raso con felpe o shorts di jeans con top in pizzo. Mescolare casual e delicato dà equilibrio e personalità al tuo look.

Sfida di disegno: Crea un outfit che combini un elemento femminile (come una gonna o un top carino) con un capo tipico dello streetwear (come scarpe da ginnastica, pantaloni jogger o felpe).

Suggerimento: La vera sicurezza nasce dal mescolare ciò che ami - non preoccuparti delle etichette come "femminile" o "maschile". Rendilo semplicemente tuo.

Tendenze

Ispirazione

Tessuti

Note

Dettagli

Campioni

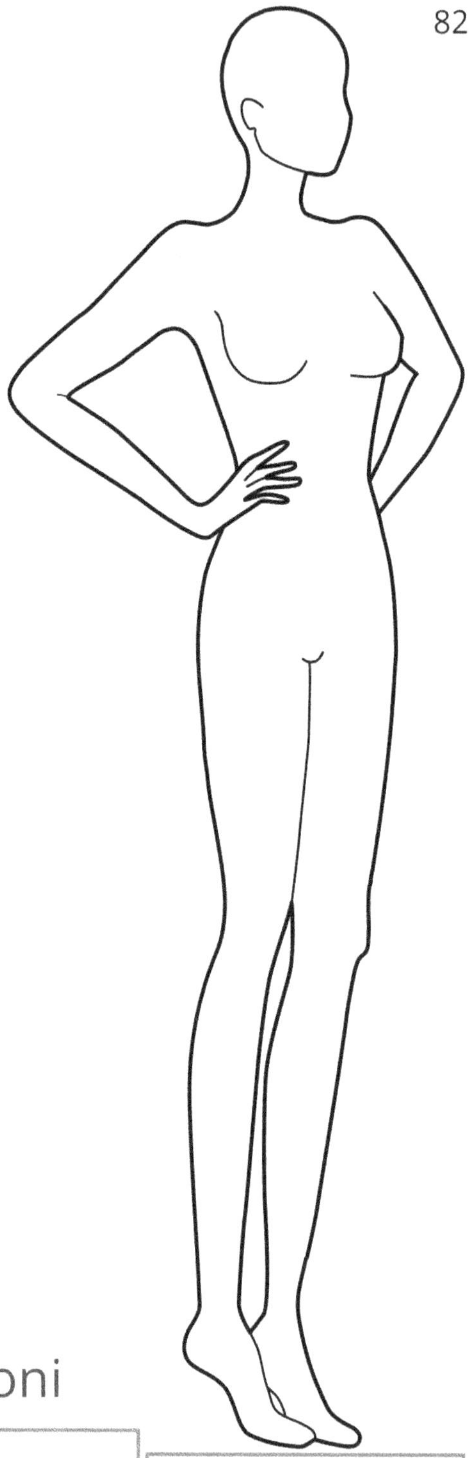

82

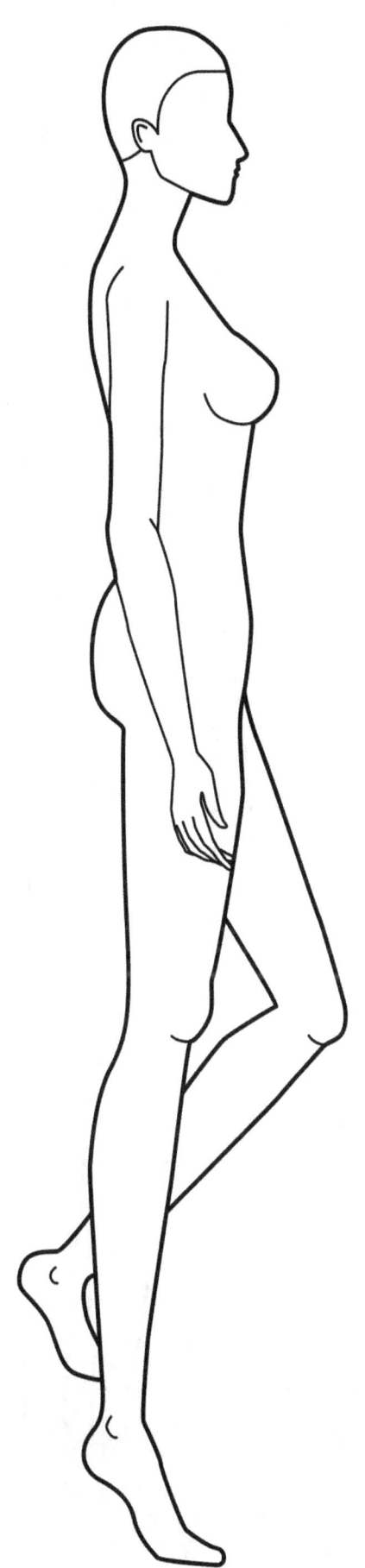
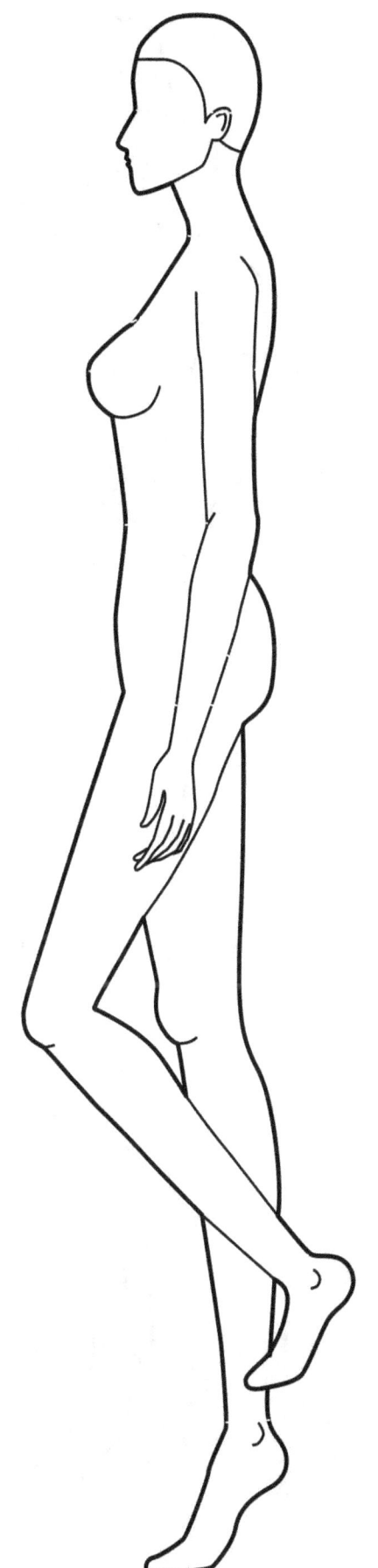

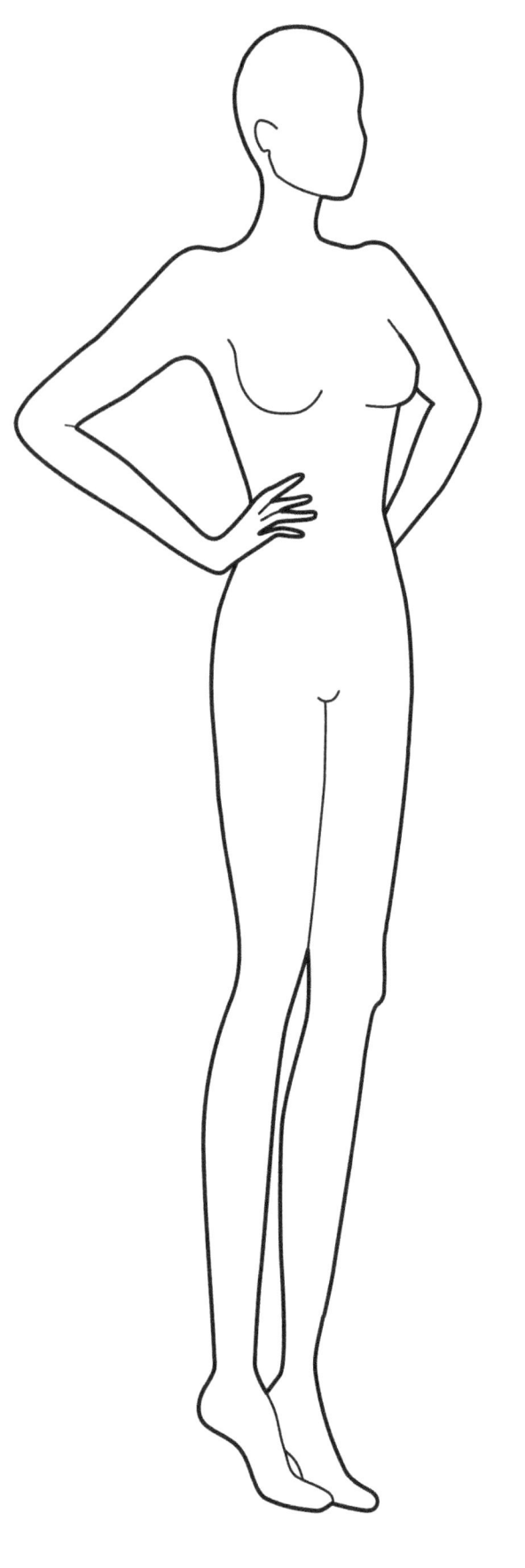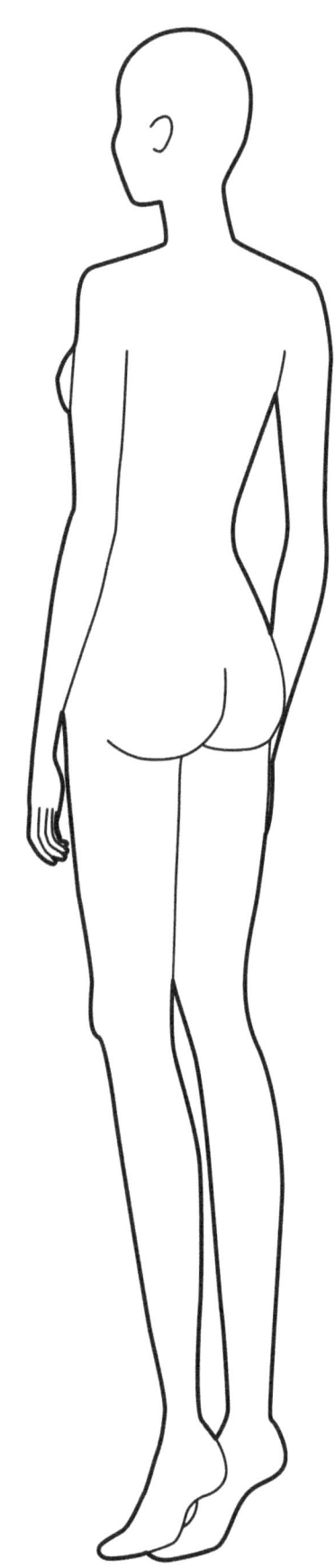

Le tue note e foto d'ispirazione

Questa pagina è la tua galleria creativa.

Usala per monitorare i tuoi progressi, raccogliere i tuoi design preferiti e riflettere sul tuo percorso.

- Aggiungi schizzi, immagini d'ispirazione o ritagli per dare vita alle tue idee di moda.
- Scrivi dettagli come colori, tessuti o elementi che ti hanno ispirato.
- Lascia spazio per tornare in futuro e confrontare come evolve il tuo stile.

Suggerimento: Anche un solo ritaglio o un campione può ispirare un'intera collezione. Non avere paura di conservare anche i più piccoli dettagli che ti ispirano.

Ispirazione outfit:
Stile scolastico elegante & Glamour futuristico

Ispirazione stile scolastico elegante

Rinnova il tuo "look da scuola" con un tocco di eleganza. Prova una camicetta con leggere ruches, gonne plissettate o pantaloni larghi in tonalità pastello. Abbinale a scarpe neutre o mocassini e accessori semplici. È uno stile raffinato ma perfetto per ogni giorno.

Ispirazione glamour futuristico

Il glamour futuristico unisce creatività e brillantezza. Immagina tessuti leggeri mescolati a materiali metallici o dettagli olografici. Abiti con corpetti strutturati e gonne leggere creano il contrasto ideale. Aggiungi cinture cromate o orecchini geometrici per un tocco ultramoderno.

Suggerimento: *Pensa a "fantascienza con scintillio". La moda può essere futuristica e femminile allo stesso tempo!*

Guida alla pratica di moda e note

Ogni design che disegni ti aiuta a migliorare proporzioni e fluidità.
Questa pagina è la tua zona di allenamento!

Come usare questa pagina:
- Concentrati sull'equilibrio del corpo - quanto appaiono lunghi il busto e le gambe.
- Osserva come i vestiti cadono naturalmente sulla figura.
- Aggiungi note sulla vestibilità: morbida, aderente o oversize.

Riflessione e note:
- Le mie proporzioni sono migliorate rispetto a prima?
- Quale parte del mio disegno risulta più naturale?
- Come posso rendere le pose più realistiche?

__Suggerimento:__ Buone proporzioni rendono i tuoi schizzi di moda professionali e dinamici.

_____
_____
_____
_____
_____
_____
_____
_____

Ispirazione outfit: Streetwear

Tendenza Utility: funzionalità e stile

La moda utility è pratica e alla moda. Pensa a pantaloni cargo, gilet tattici e cinture con fibbie o grandi tasche - capi ispirati all'abbigliamento da lavoro.

Idee colore: verde oliva, kaki, nero e tonalità mimetiche.
Accessori come stivali massicci, borse a tracolla o cappelli a secchiello completano il look.

Sfida di disegno: Progetta un top corto con pantaloni cargo larghi e un gilet utility. Aggiungi le tue scarpe da ginnastica o anfibi preferiti per un tocco deciso.

Suggerimento: *Lo streetwear con uno scopo trasmette forza e sicurezza.*

Tendenze

Ispirazione

Tessuti

Note

Dettagli

Campioni

89

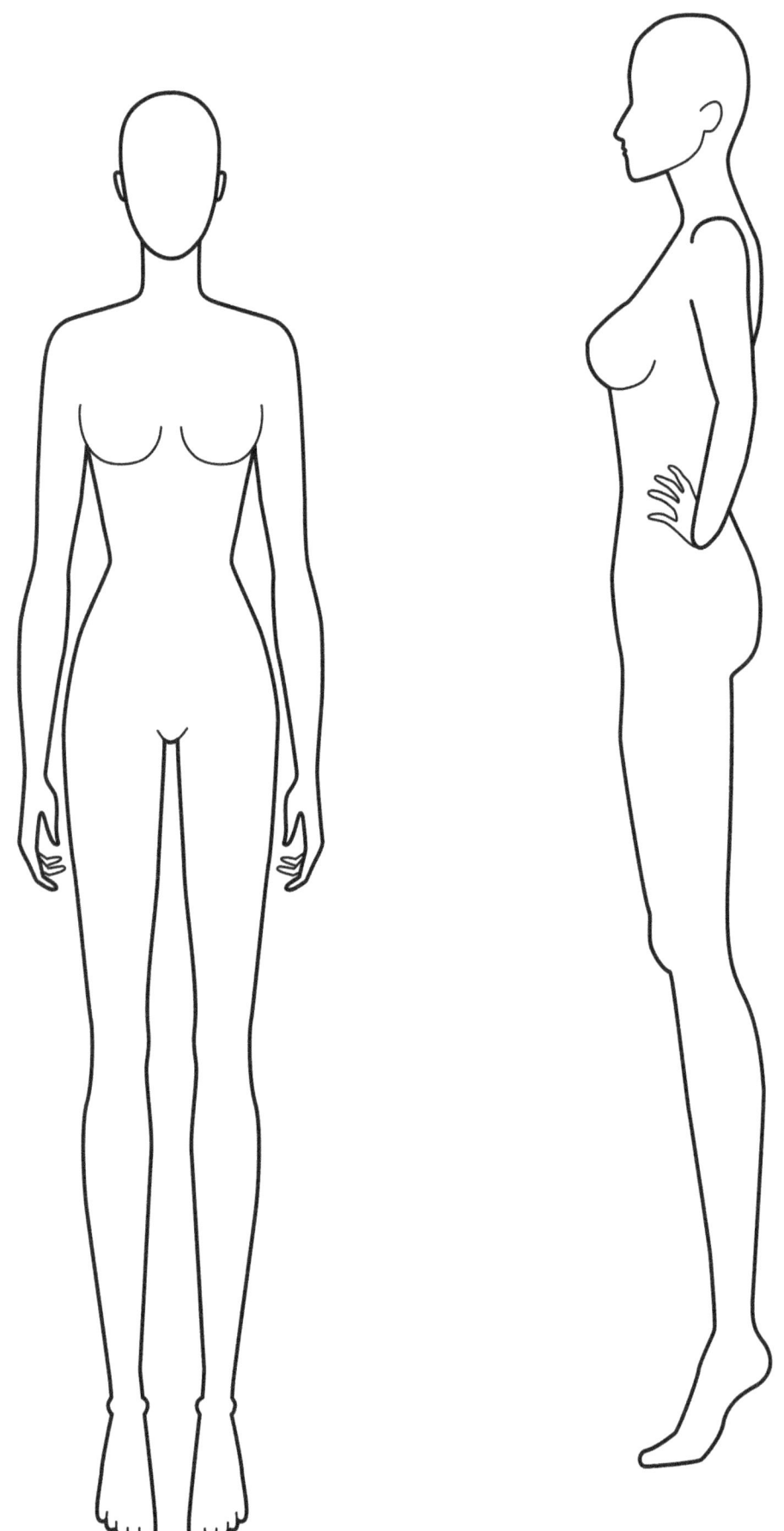

Le tue note e foto d'ispirazione

Questa pagina è la tua galleria creativa.

Usala per monitorare i tuoi progressi, raccogliere i tuoi design preferiti e riflettere sul tuo percorso.

- Aggiungi schizzi, immagini d'ispirazione o ritagli per dare vita alle tue idee di moda.
- Scrivi dettagli come colori, tessuti o elementi che ti hanno ispirato.
- Lascia spazio per tornare in futuro e confrontare come evolve il tuo stile.

Suggerimento: Anche un solo ritaglio o un campione può ispirare un'intera collezione. Non avere paura di conservare anche i più piccoli dettagli che ti ispirano.

Ispirazione outfit: Smart-Casual & Festival Sparkle

Ispirazione Smart-Casual

Equilibrio tra comfort e stile! Abbina pantaloni a taglio dritto con una t-shirt o un maglione infilato dentro. Aggiungi un blazer corto o una giacca leggera. Completa il look con sneakers o stivaletti - perfetto per presentazioni o giornate di studio rilassate.

Ispirazione Festival Sparkle

Il glamour da festival è tutto libertà e divertimento. Paillettes, brillantini e tessuti olografici portano colore ed energia. Prova gonne fluide, dettagli con frange o top decorati. Aggiungi occhiali da sole particolari o gioielli a strati per un tocco extra di luce.

Consiglio: *Disegna un outfit che brilli alla luce del sole o dei riflettori - lascia che la tua creatività risplenda!*

Guida alla pratica di moda e note

I colori raccontano una storia - ognuno cambia completamente l'atmosfera dell'outfit.

Come usare questa pagina:
- Disegna un outfit e prova 2-3 palette di colori.
- Etichettale (calda, fredda o monocromatica).
- Osserva come cambia la sensazione con ognuna.

Riflessione & Note:
- Quale palette mi rappresenta di più?
- I colori si scontrano o si completano?
- Come potrei riutilizzare queste tonalità?

Consiglio: *Il colore è emozione - usalo per esprimere il tuo stato d'animo e la tua personalità.*

Ispirazione outfit: Streetwear

Revival Streetwear Vintage

Il vecchio stile è sempre cool! Lo streetwear riprende spesso tendenze dagli anni '80, '90 e primi 2000 - denim oversize, camicie a quadri, tie-dye o bucket hat.

Idea di design: Rivisita un look rétro con un tocco moderno. Magari jeans a gamba larga e felpa corta, oppure una sweatshirt tie-dye con sneakers di nuova generazione.

Consiglio: *La moda torna sempre - aggiungi il tuo tocco per rendere il vintage attuale.*

Tendenze

Ispirazione

Tessuti

Note

Dettagli

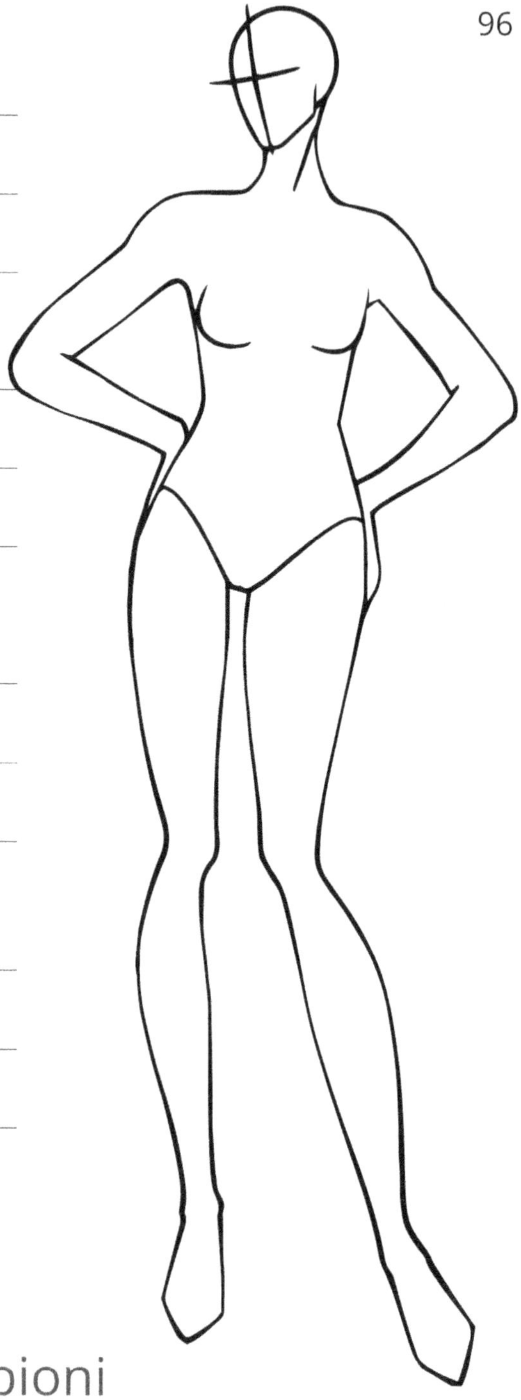

Campioni

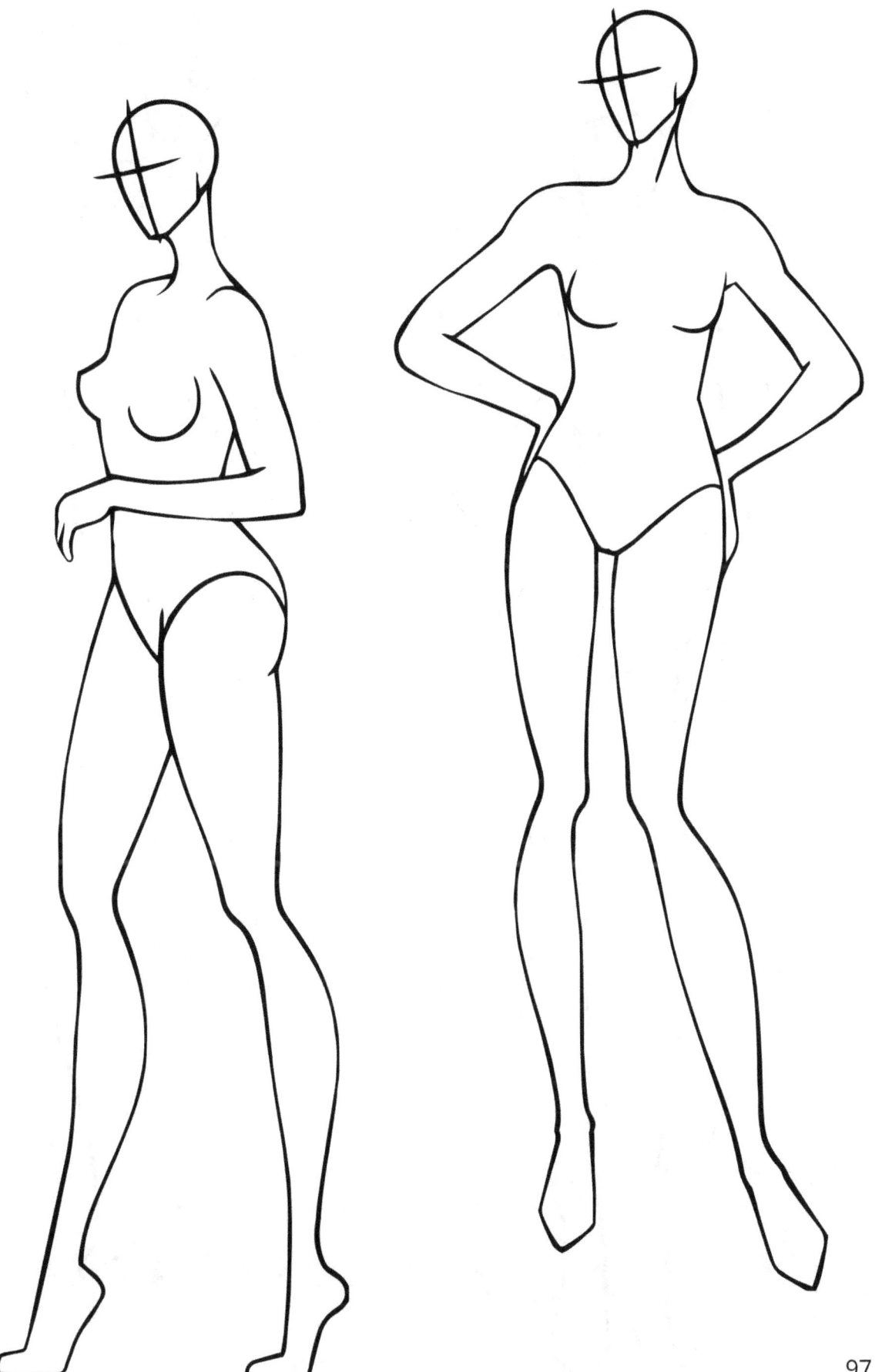

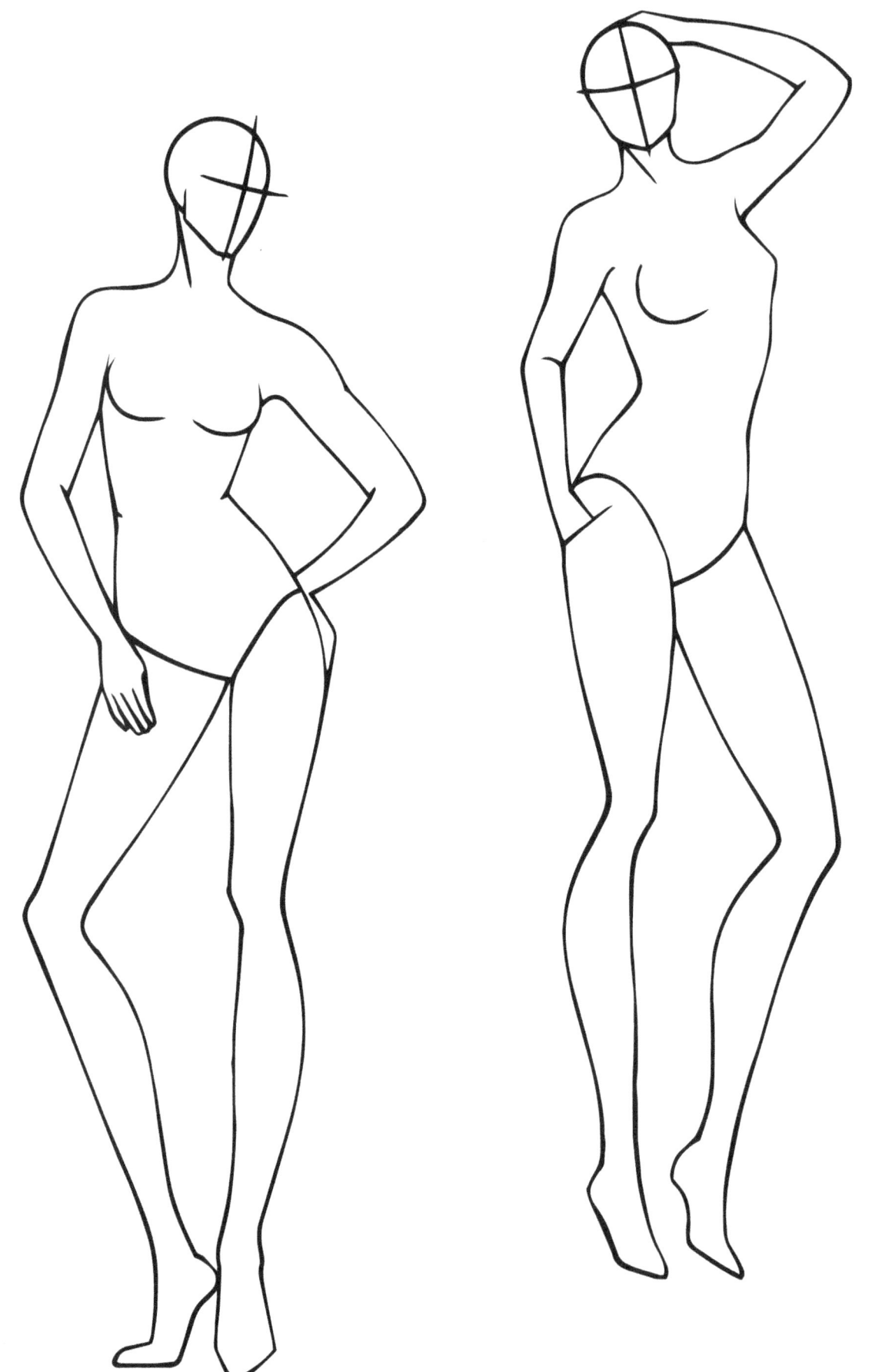

Le tue note e foto d'ispirazione

Questa pagina è la tua galleria creativa.

Usala per monitorare i tuoi progressi, raccogliere i tuoi design preferiti e riflettere sul tuo percorso.

- Aggiungi schizzi, immagini d'ispirazione o ritagli per dare vita alle tue idee di moda.
- Scrivi dettagli come colori, tessuti o elementi che ti hanno ispirato.
- Lascia spazio per tornare in futuro e confrontare come evolve il tuo stile.

Suggerimento: Anche un solo ritaglio o un campione può ispirare un'intera collezione. Non avere paura di conservare anche i più piccoli dettagli che ti ispirano.

Ispirazione outfit:
Classroom Chic & Eco-Glam Couture

Ispirazione Classroom Chic

Un abito semplice può essere la tua scelta ideale! Prova un vestito al ginocchio in tinta pastello, abbinato a una giacca corta o a un cardigan. Scegli tessuti traspiranti come cotone o lino. Aggiungi una cintura sottile e scarpe neutre per un look delicato e curato.

Ispirazione Eco-Glam Couture

L'eco-glam unisce rispetto per il pianeta e stile impeccabile. Pensa ad abiti o completi realizzati con materiali sostenibili o riciclati - come cotone biologico, tessuto di bambù o denim riutilizzato. Dettagli dipinti a mano o patchwork rendono il tutto ancora più unico.

Consiglio:

Essere sostenibili
è sempre di tendenza.

Guida alla pratica di moda e note

I grandi stilisti pensano in collezioni, non solo in singoli outfit.

Come usare questa pagina:
- Disegna 2-3 look che appartengano allo stesso tema.
- Mantieni un dettaglio coerente - come colore o silhouette.
- Aggiungi note su come ogni pezzo si collega alla mini collezione.

Riflessione & Note:
- I miei design sembrano appartenere alla stessa collezione?
- Quale outfit si distingue di più?
- Cosa unisce l'intera collezione?

Consiglio: *Ogni collezione racconta una storia - assicurati che la tua abbia un tema chiaro.*

Ispirazione outfit: Streetwear

Sneakers First: Parti dal Basso

Nello streetwear, le sneakers sono le protagoniste. A volte tutto l'outfit nasce da loro!

Scegli un paio audace - suole grosse, dettagli neon o modelli alti - e costruisci il look intorno.
Magari jogger cargo infilati nei calzini, felpa corta e una giacca cool.

Suggerimento sui tessuti: Abbina capi neutri con scarpe colorate o riprendi un dettaglio del colore delle sneakers negli accessori.

Consiglio: Quando le scarpe hanno personalità, mantieni il resto equilibrato - ma mai noioso.

Tendenze

Ispirazione

Tessuti

Note

Dettagli

Campioni

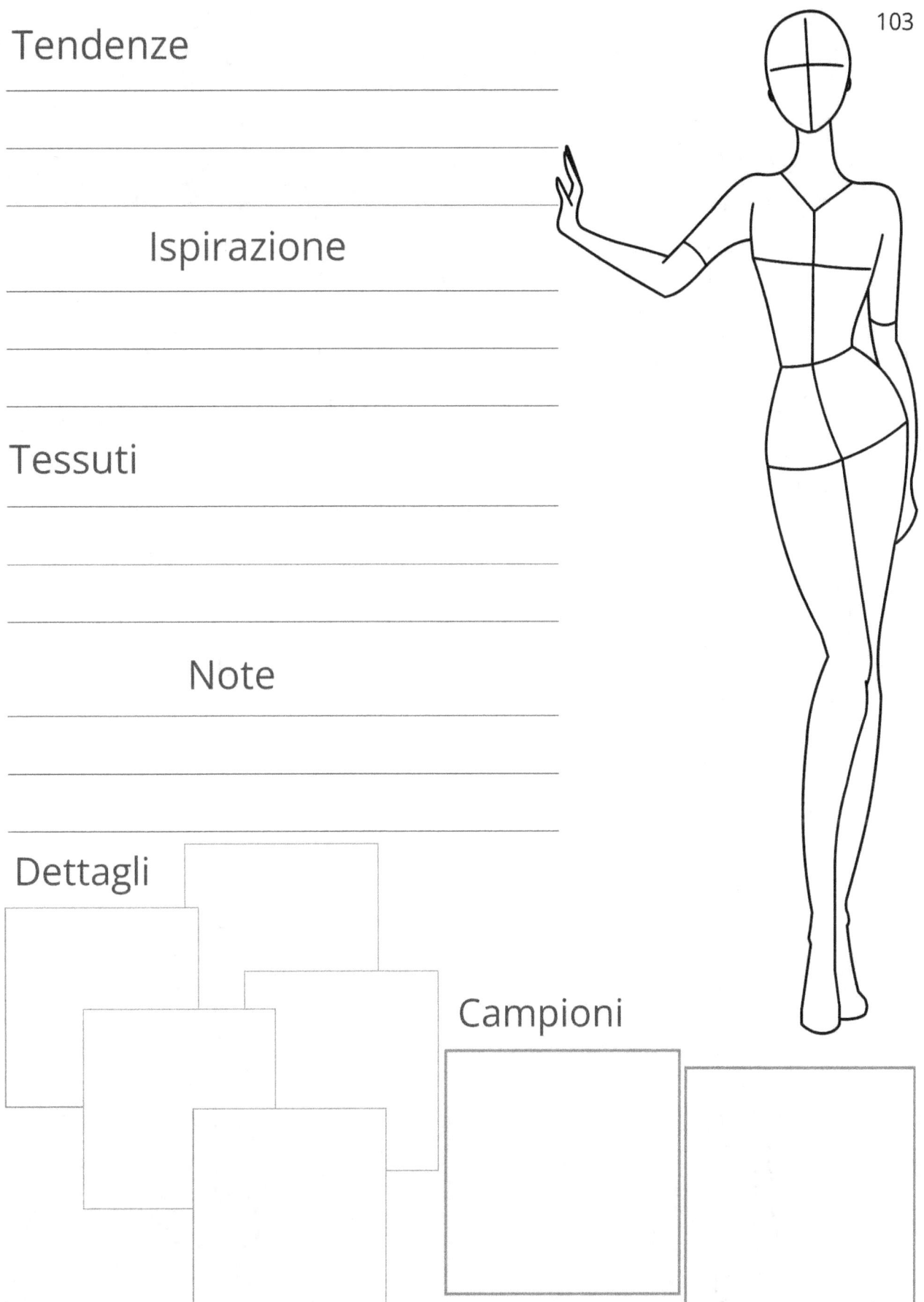

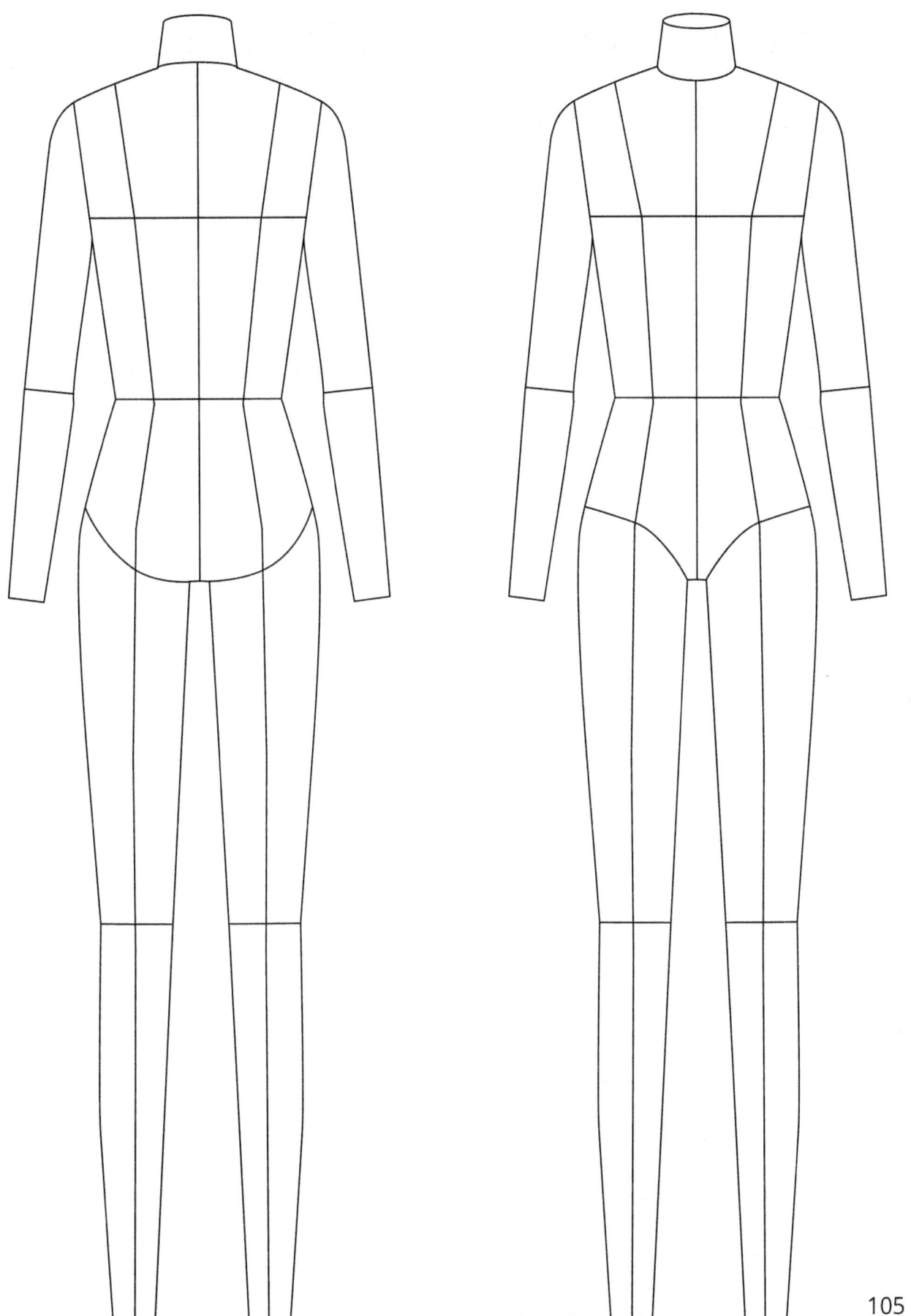

Le tue note e foto d'ispirazione

Questa pagina è la tua galleria creativa.

Usala per monitorare i tuoi progressi, raccogliere i tuoi design preferiti e riflettere sul tuo percorso.

- Aggiungi schizzi, immagini d'ispirazione o ritagli per dare vita alle tue idee di moda.
- Scrivi dettagli come colori, tessuti o elementi che ti hanno ispirato.
- Lascia spazio per tornare in futuro e confrontare come evolve il tuo stile.

Suggerimento: Anche un solo ritaglio o un campione può ispirare un'intera collezione. Non avere paura di conservare anche i più piccoli dettagli che ti ispirano.

Ispirazione outfit:
Trendy School Style & Futuristic Showstopper

Ispirazione Trendy School Style

Rimani al passo con le tendenze più attuali ma pratiche. Blazer oversize, toni pastello o pantaloni ampi possono apparire eleganti e comodi. Aggiungi una borsa strutturata o mocassini con zeppa per un tocco moderno e portabile.

Ispirazione Futuristic Showstopper

Immagina un look da passerella che brilla! Tessuti riflettenti, dettagli LED o maniche scultoree spingono la creatività al massimo. Questo tipo di stile attira l'attenzione e mostra audacia e fantasia.

Consiglio: Sii coraggioso - la moda del futuro nasce nel tuo sketchbook.

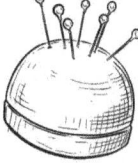

Guida alla pratica di moda e note

Il minimalismo è potente. Lascia respirare il tuo design.

Come usare questa pagina:
- Crea un look con solo 3 dettagli principali.
- Concentrati su forma e spazio.
- Nota come appare senza decorazioni extra.

Riflessione & Note:
- La semplicità lo rende più forte?
- Qual è l'elemento chiave?
- Cosa potrei togliere o perfezionare?

Consiglio: *La semplicità mette in risalto le tue abilità - lascia che siano le linee a parlare.*

_____

_____

_____

_____

_____

_____

_____

_____

_____

Ispirazione outfit: Streetwear

Accessori che Spiccano!

Gli accessori sono tutto nello streetwear - aggiungono carattere! Prova berretti, catene grandi, occhiali da sole oversize o mini borse a tracolla.

Sfida di disegno: Disegna un outfit semplice e arricchiscilo con 2-3 accessori audaci. Guarda come cambia completamente il look!

Consiglio: *Gli accessori sono il modo più facile per provare nuove tendenze senza ridisegnare tutto l'outfit.*

Tendenze

Ispirazione

Tessuti

Note

Dettagli

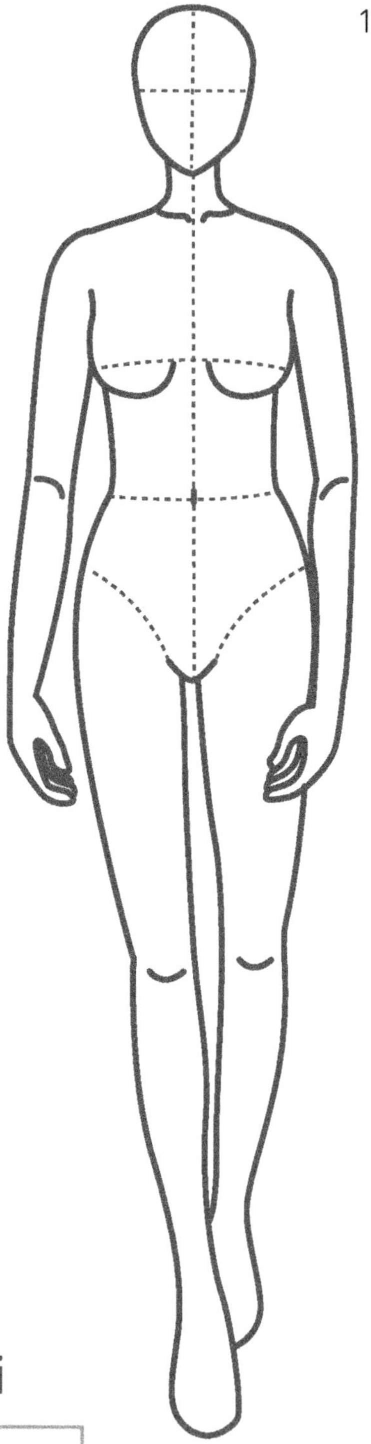

Campioni

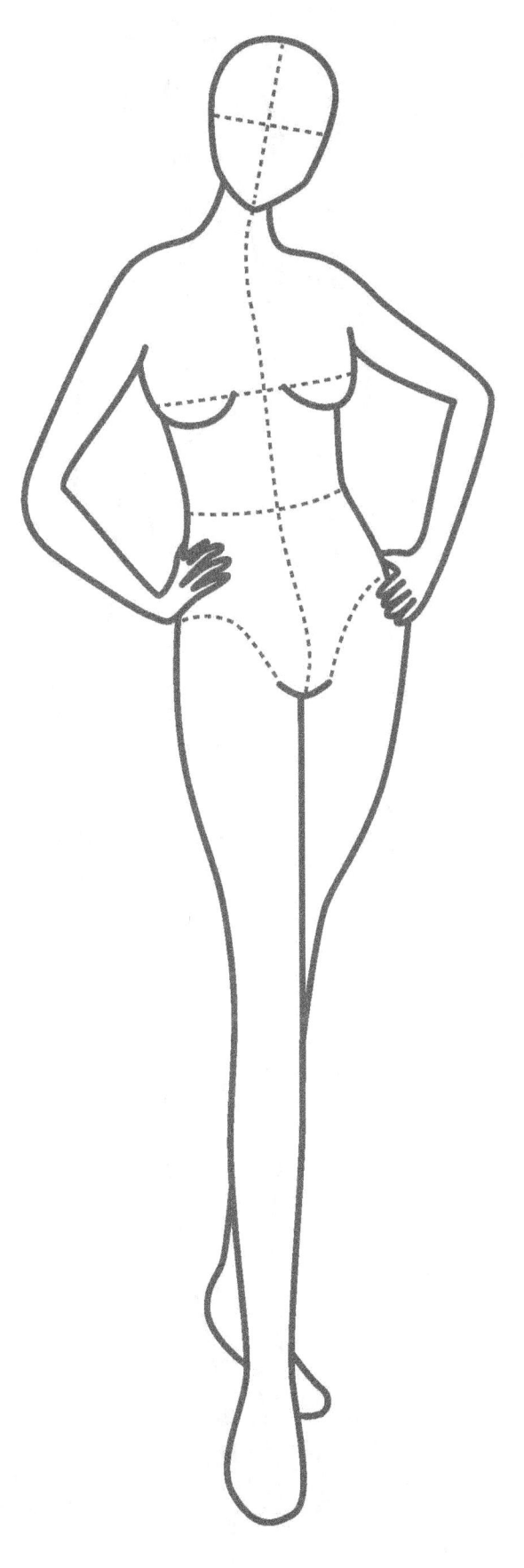
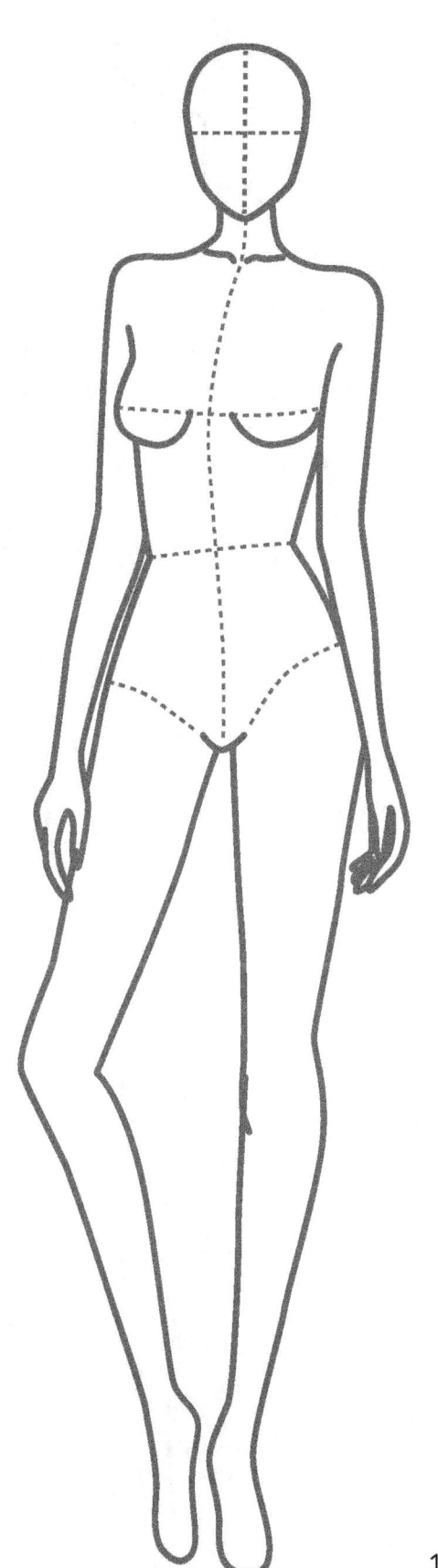

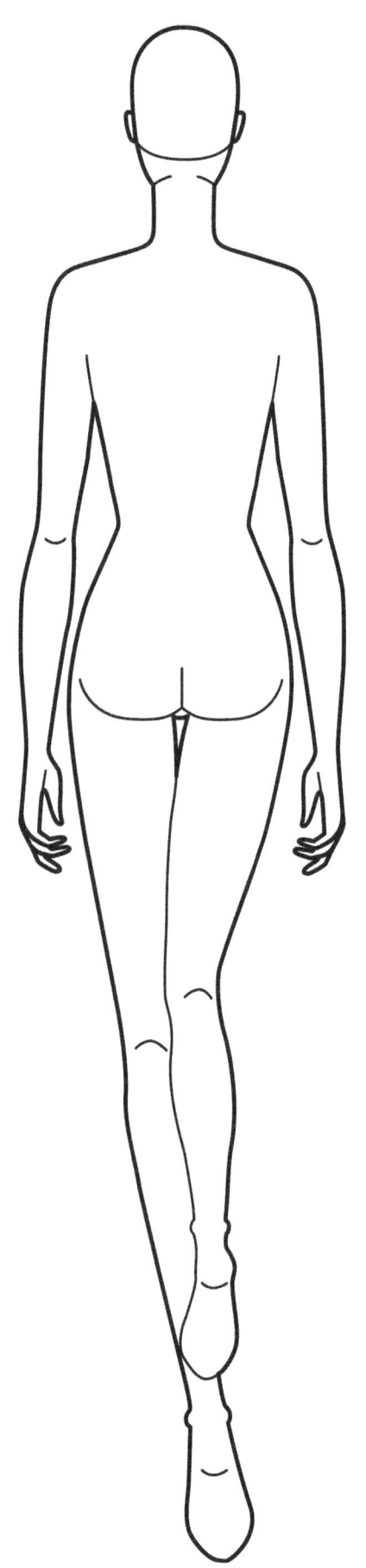
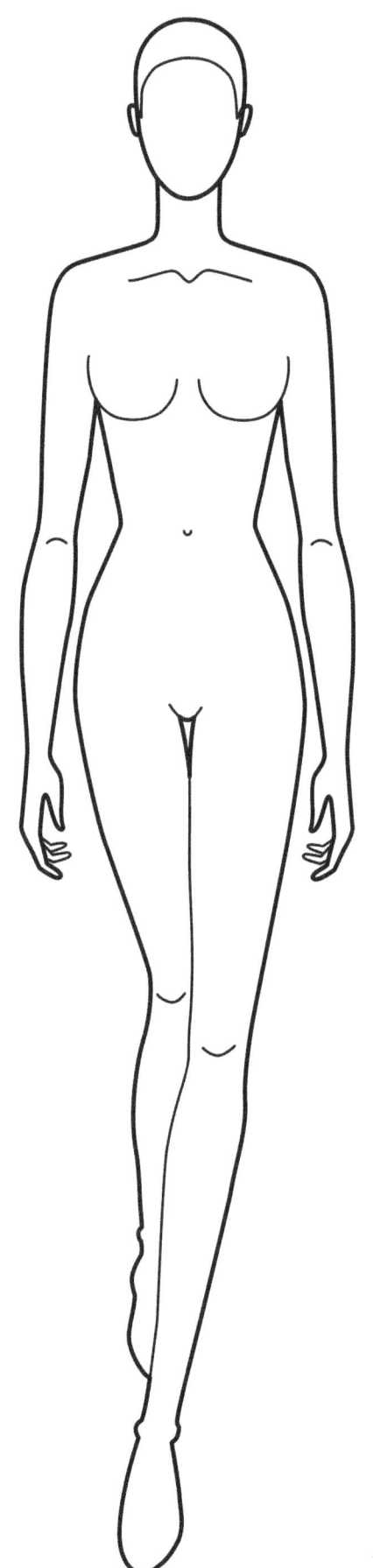

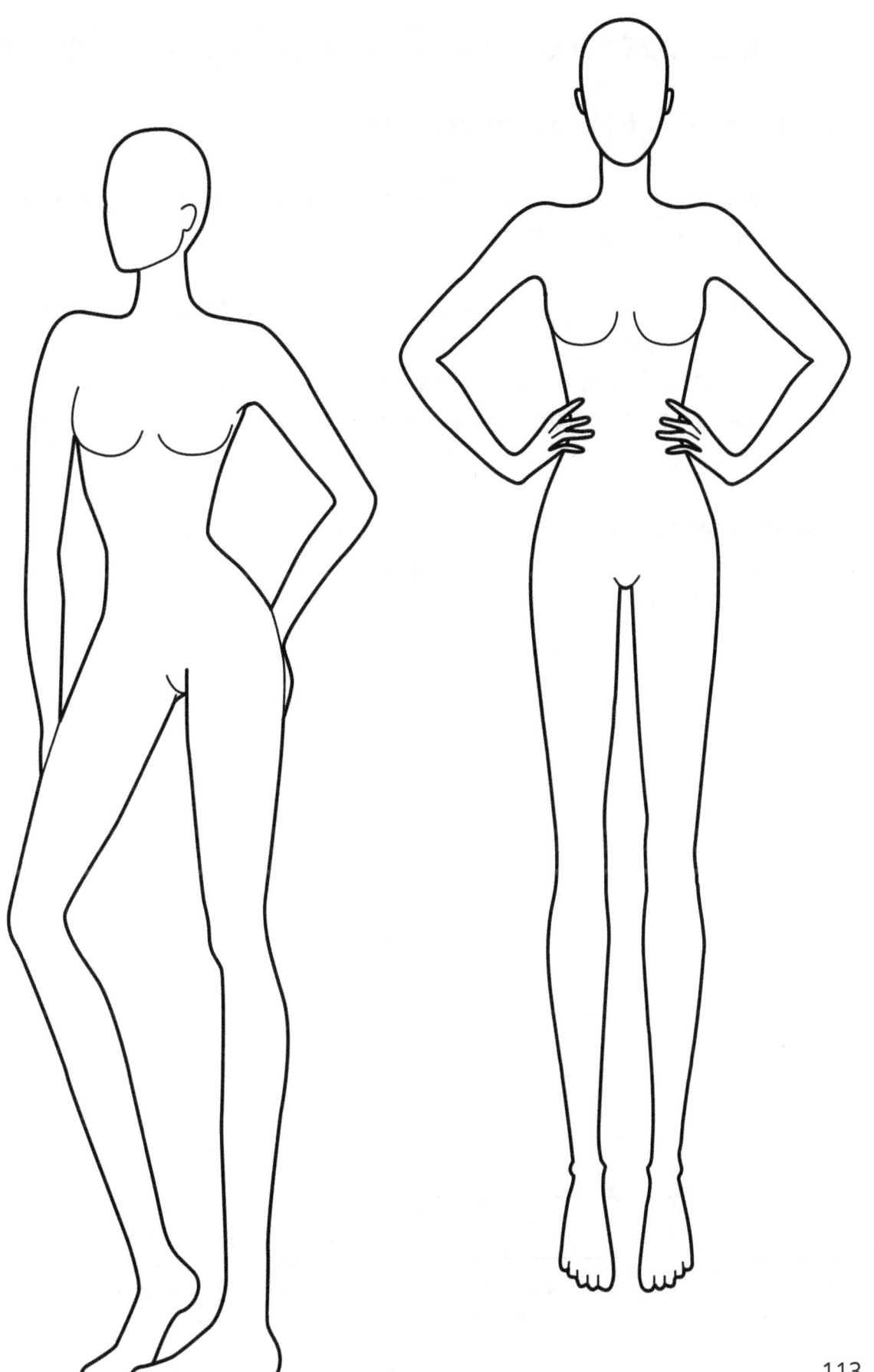

Le tue note e foto d'ispirazione

Questa pagina è la tua galleria creativa.

Usala per monitorare i tuoi progressi, raccogliere i tuoi design preferiti e riflettere sul tuo percorso.

- Aggiungi schizzi, immagini d'ispirazione o ritagli per dare vita alle tue idee di moda.
- Scrivi dettagli come colori, tessuti o elementi che ti hanno ispirato.
- Lascia spazio per tornare in futuro e confrontare come evolve il tuo stile.

Suggerimento: *Anche un solo ritaglio o un campione può ispirare un'intera collezione. Non avere paura di conservare anche i più piccoli dettagli che ti ispirano.*

Ispirazione outfit: Layered School Looks & Classic Glam

Ispirazione Layered School Look

La sovrapposizione non è solo per l'inverno - aggiunge profondità e stile. Prova un dolcevita sotto un abito sottoveste, o una camicia sotto una tuta intera. Aggiungi sciarpe, cinture o giacche leggere per varietà. È pratico e alla moda.

Ispirazione Classic Glam

Il glamour da red carpet non passa mai di moda! Pensa a abiti lunghi, tessuti in raso o drappeggi eleganti. Aggiungi un tocco di luce con gioielli importanti e una posa sicura. Questo stile intramontabile dice: "Eccomi qui."

Consiglio: *Una buona stratificazione fa sembrare ogni outfit pronto per la passerella.*

Guida alla pratica di moda e note

È il momento di celebrare i tuoi progressi! Ripensa a ciò che hai creato e fin dove sei arrivato.

Come usare questa pagina:
- Disegna un outfit che mostri i tuoi miglioramenti.
- Scrivi cosa hai imparato finora.
- Stabilisci un nuovo obiettivo di moda per te stessa.

Riflessione & Note:
- Qual è il mio miglioramento più grande?
- Quale abilità voglio perfezionare?
- Qual è il mio prossimo passo creativo?

Consiglio: *Crescere è stiloso - ogni pagina dimostra che stai diventando una designer più forte.*

_____
_____
_____
_____
_____
_____
_____
_____

Ispirazione outfit: Streetwear

Streetwear = Autoespressione

La parte migliore dello streetwear? Sei tu. Mescola stili oversize, sportivi, femminili o audaci per raccontare la tua storia. Non seguire le mode - crea le tue.

Esercizio di disegno: Progetta un outfit che rispecchi al 100% la tua personalità. Usa i tuoi colori, forme o influenze culturali preferite. Aggiungi il tuo logo o un motivo personale.

Pensiero finale: Lo streetwear non è solo moda - è fiducia fatta tessuto.

Tendenze

Ispirazione

Tessuti

Note

Dettagli

Campioni

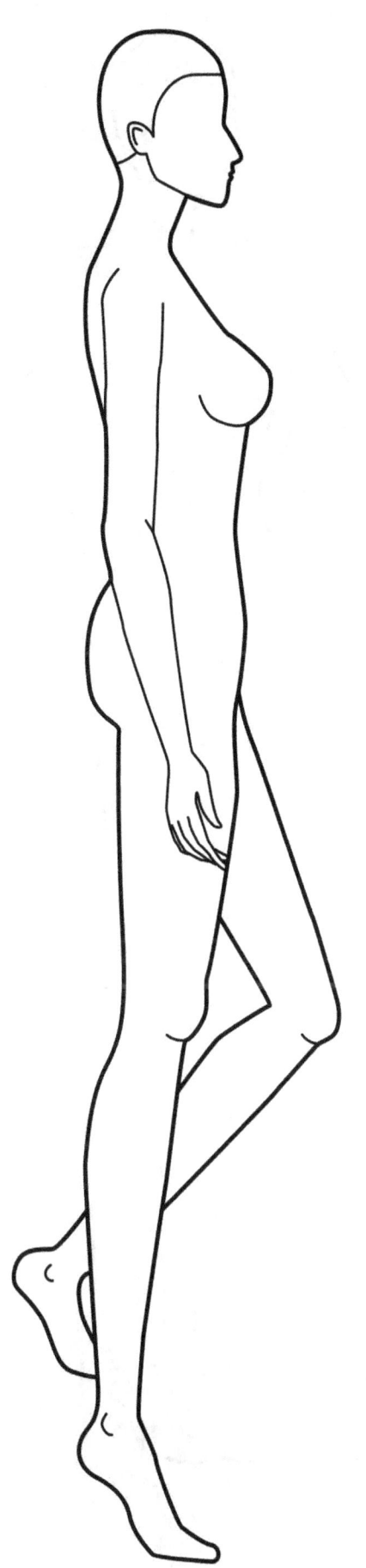
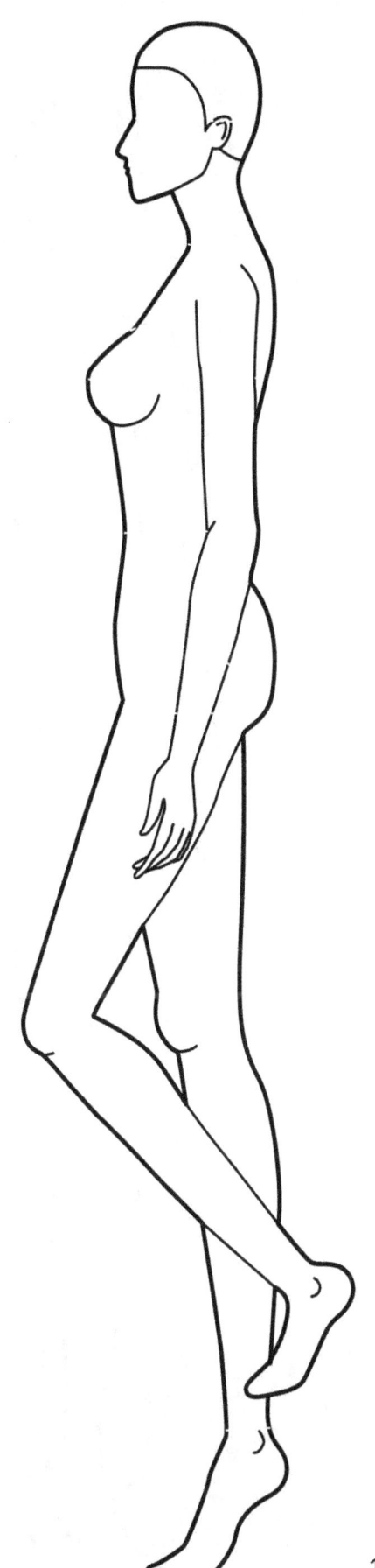

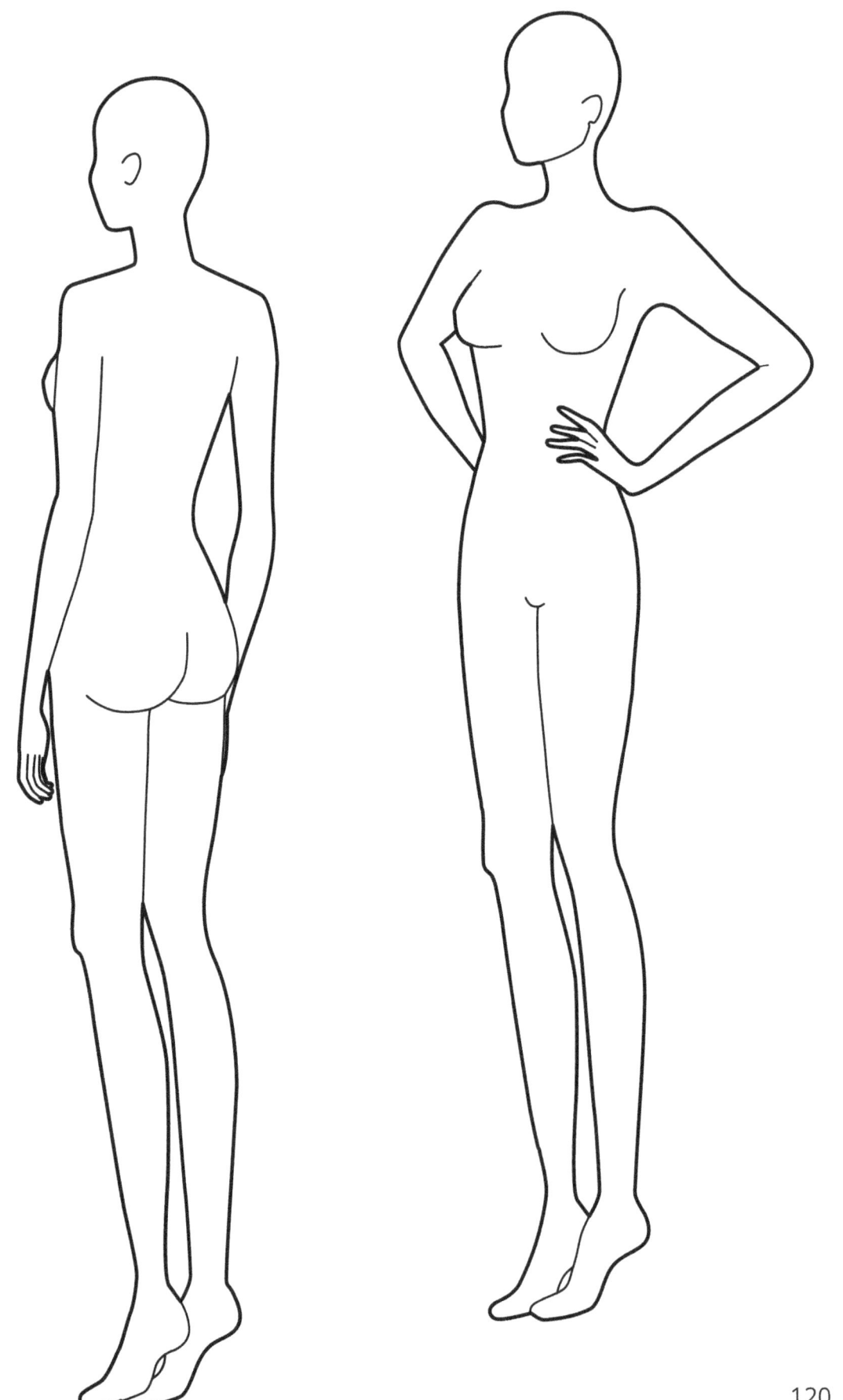

Le tue note e foto d'ispirazione

Questa pagina è la tua galleria creativa.

Usala per monitorare i tuoi progressi, raccogliere i tuoi design preferiti e riflettere sul tuo percorso.

- Aggiungi schizzi, immagini d'ispirazione o ritagli per dare vita alle tue idee di moda.
- Scrivi dettagli come colori, tessuti o elementi che ti hanno ispirato.
- Lascia spazio per tornare in futuro e confrontare come evolve il tuo stile.

Suggerimento: *Anche un solo ritaglio o un campione può ispirare un'intera collezione. Non avere paura di conservare anche i più piccoli dettagli che ti ispirano.*

Ispirazione outfit:
Bold School Statement & Avant-Garde Dream

Ispirazione Bold School Statement

Lascia il segno con il colore! Prova un completo acceso in rosso, blu o verde smeraldo - abbinalo a un top semplice e sneakers o stivaletti. Apparirai sicura, creativa e pronta a brillare.

Ispirazione Avant-Garde Dream

La moda d'avanguardia è arte da indossare. Pensa a forme drammatiche, capi sovrapposti e texture inaspettate. Maniche oversize, tagli asimmetrici o materiali unici possono trasformare il tuo schizzo in un capolavoro.

Consiglio: *Osa - la moda evolve quando si rischia.*

Tendenze

Ispirazione

Tessuti

Note

Dettagli

Campioni

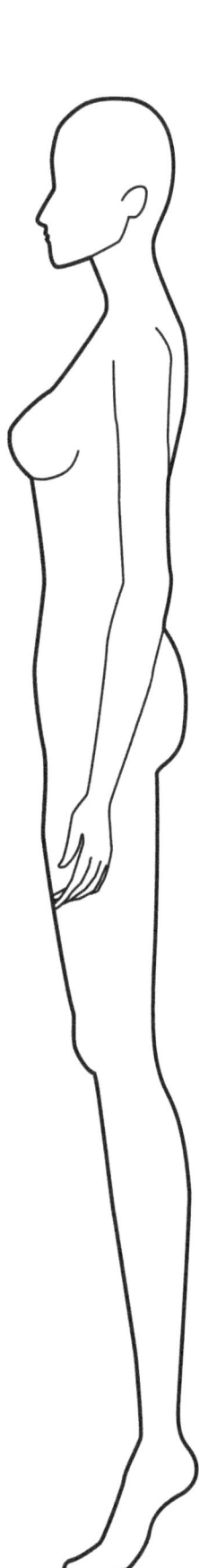
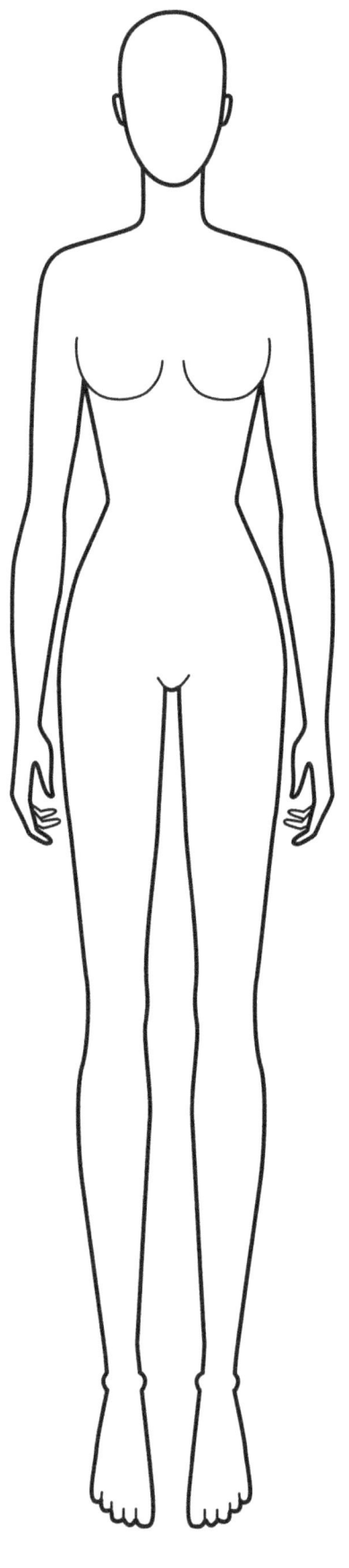

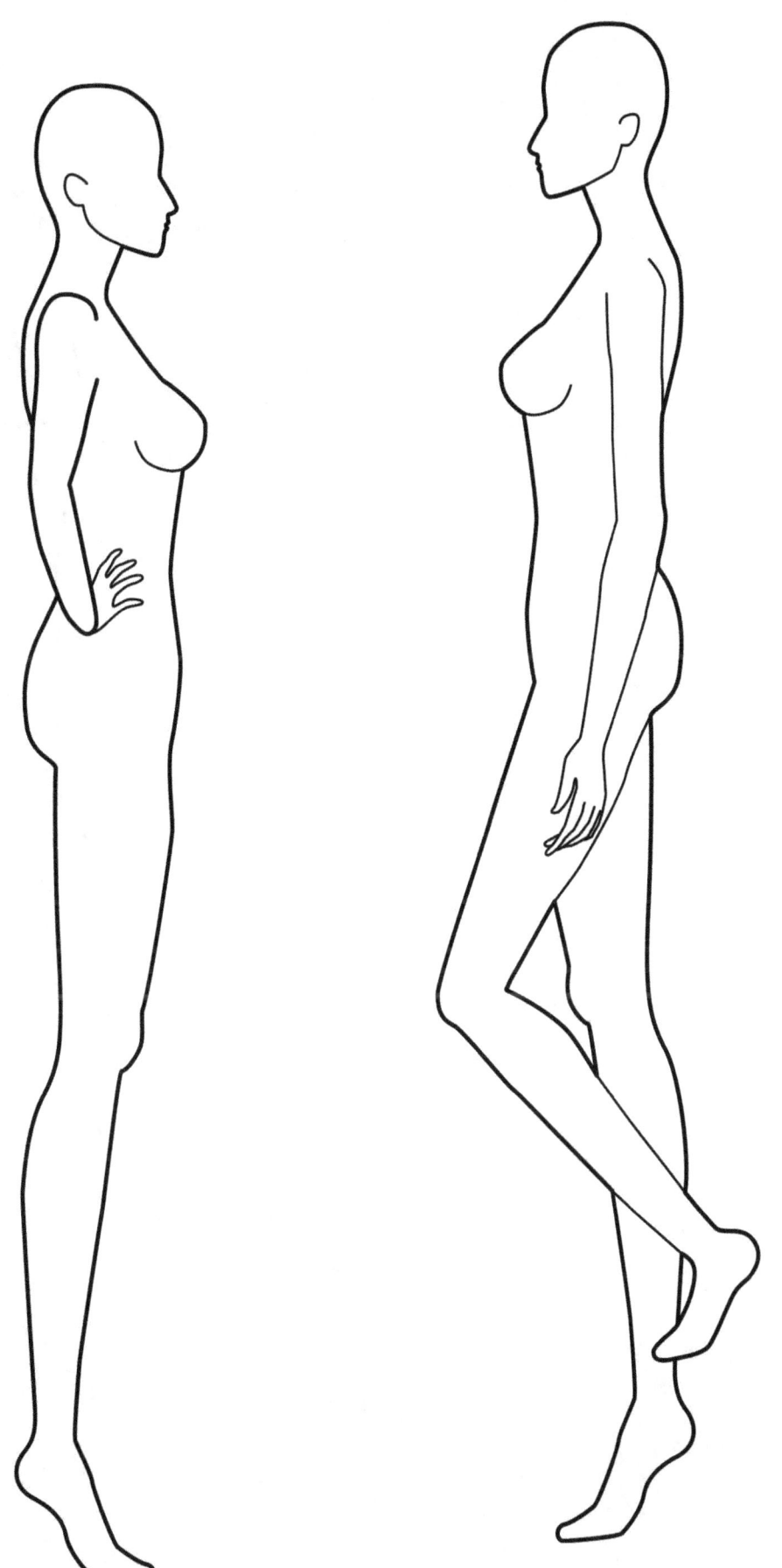

Tendenze

Ispirazione

Tessuti

Note

Dettagli

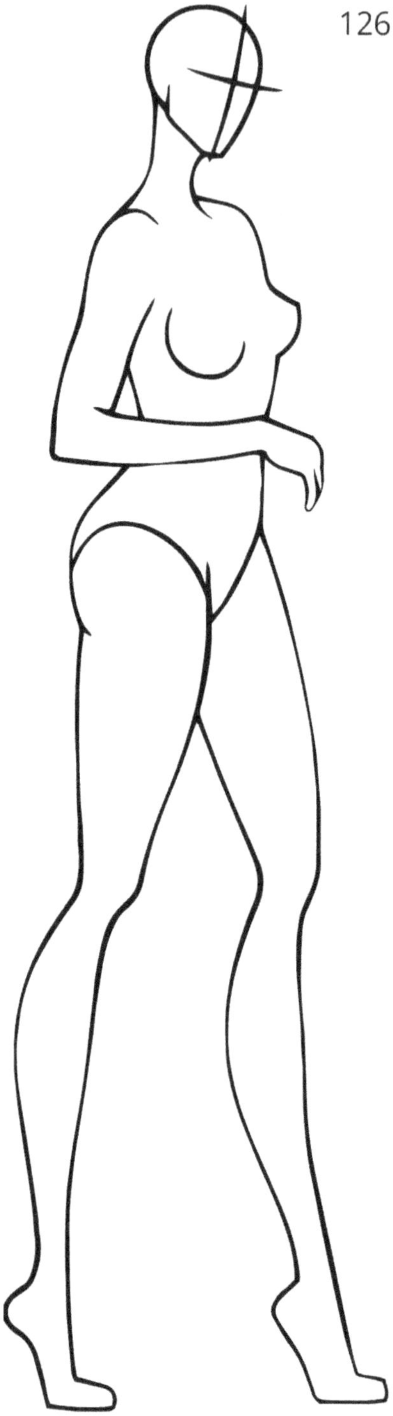

Campioni

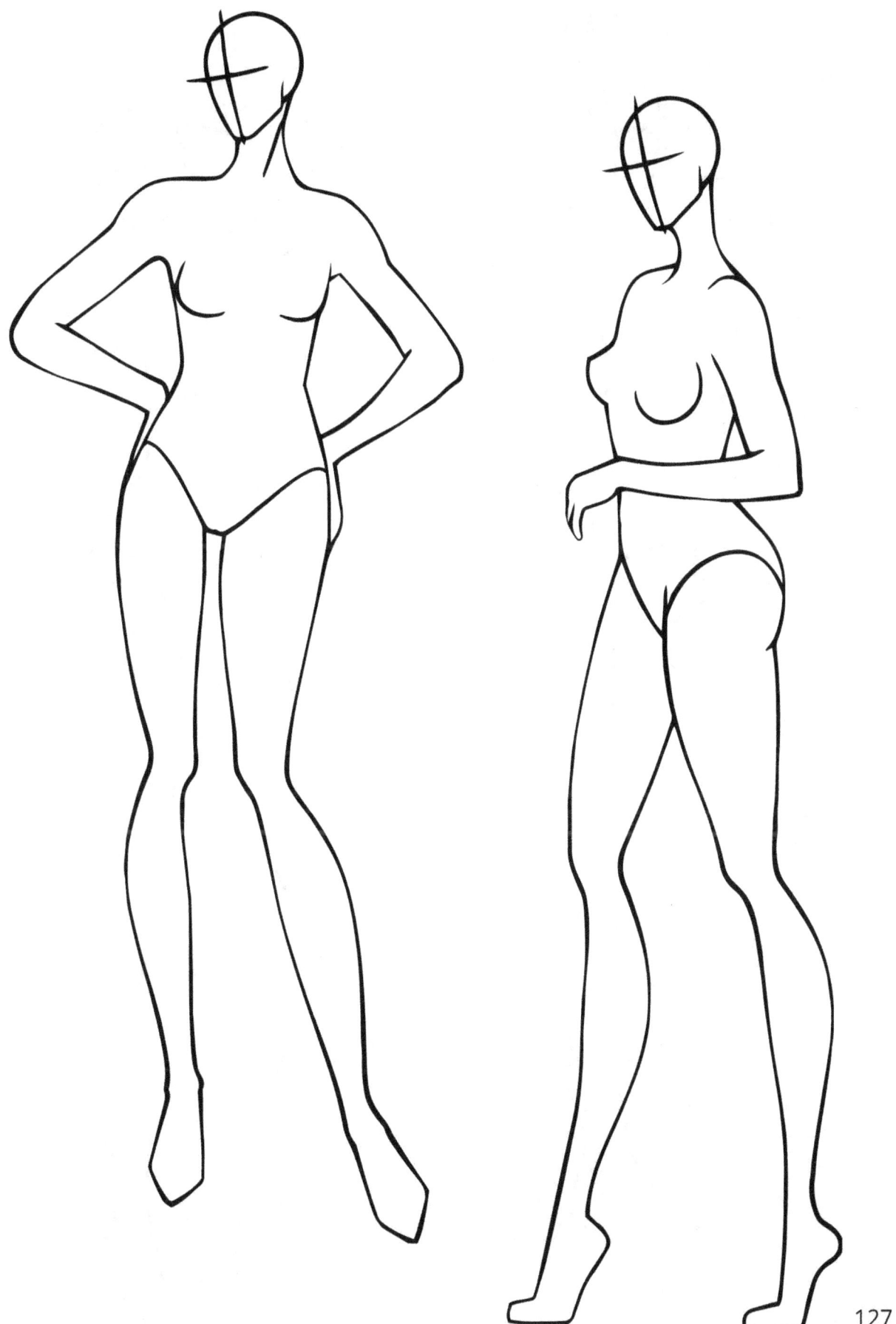

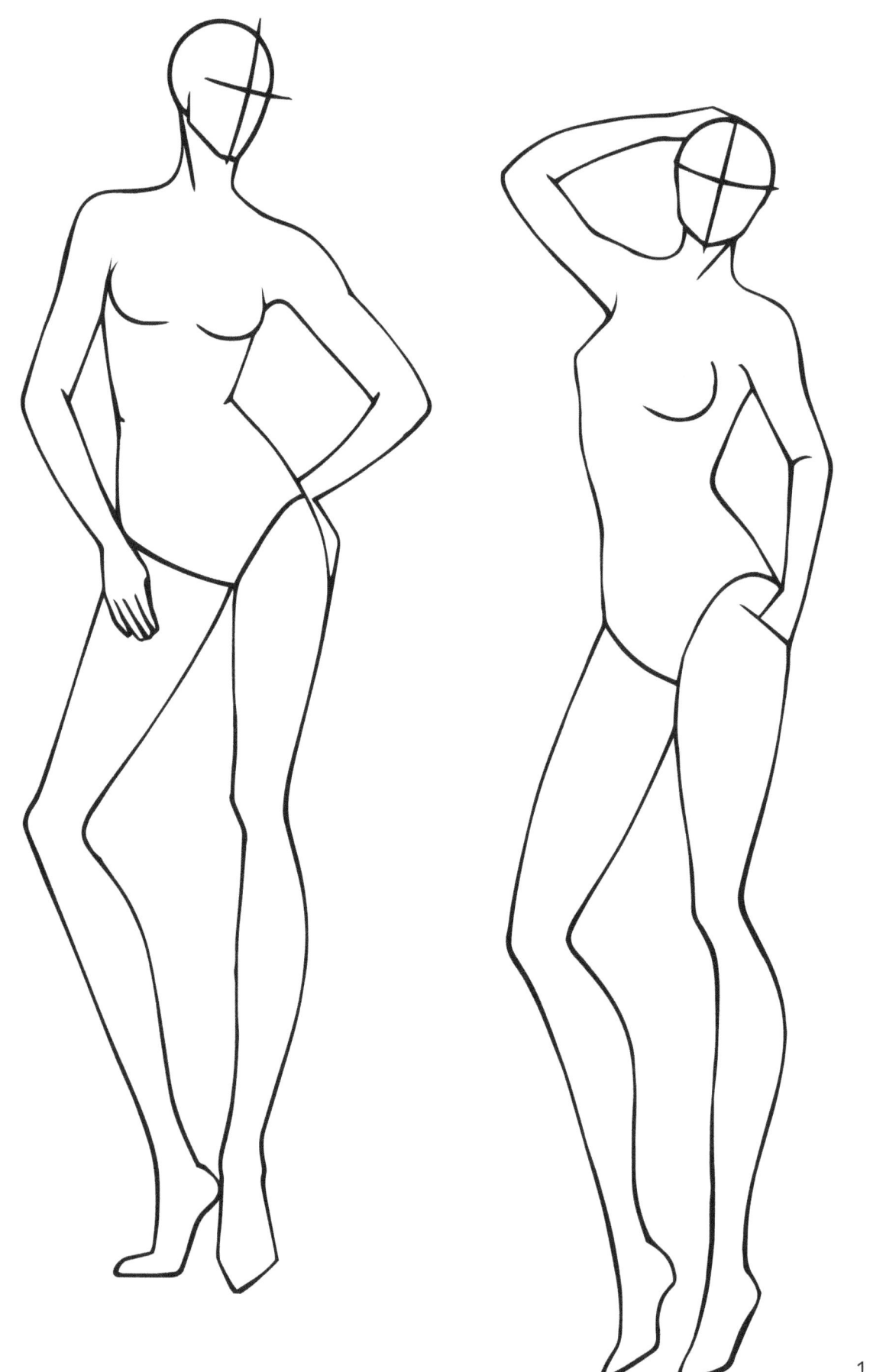

Tendenze

Ispirazione

Tessuti

Note

Dettagli

Campioni

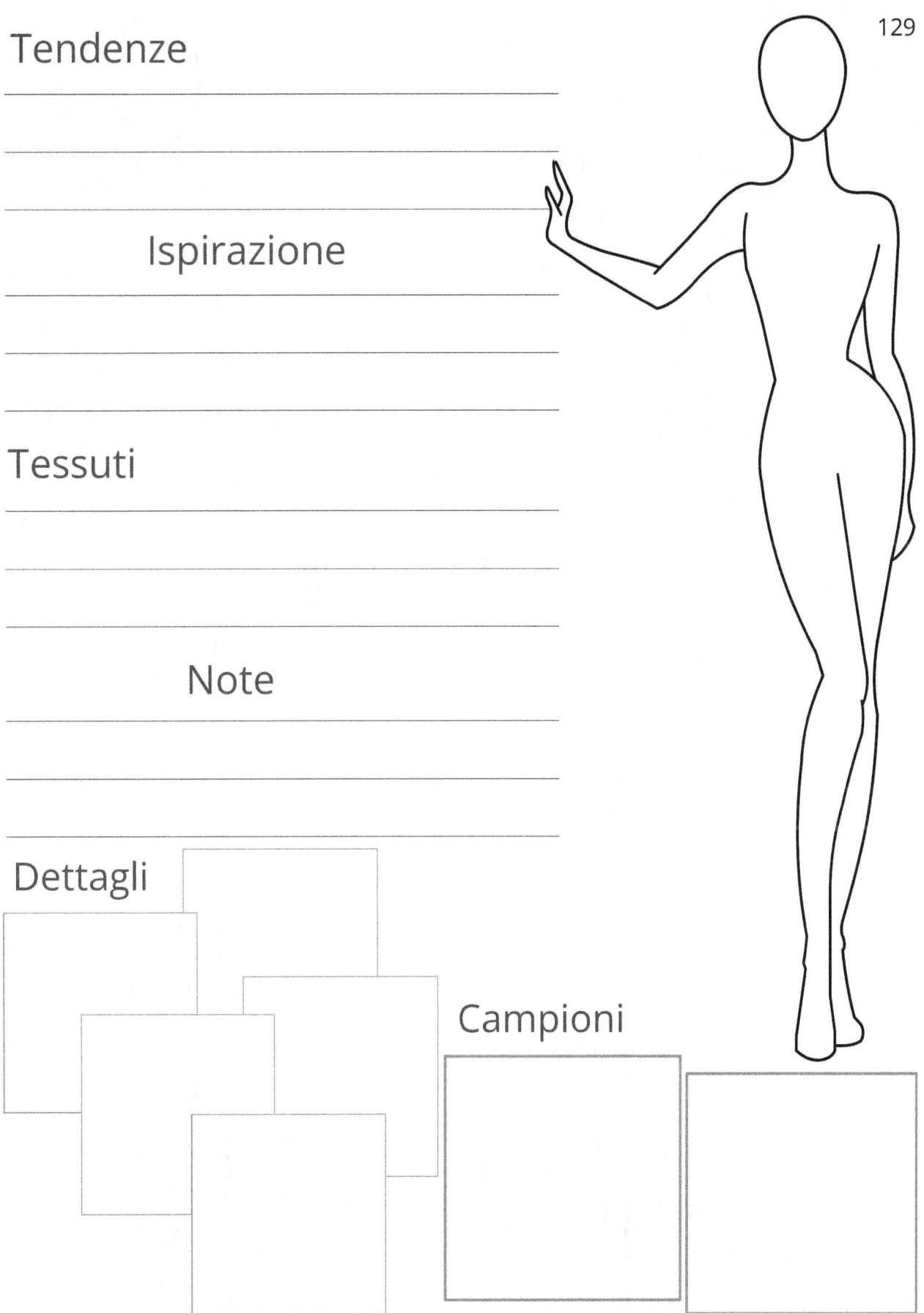

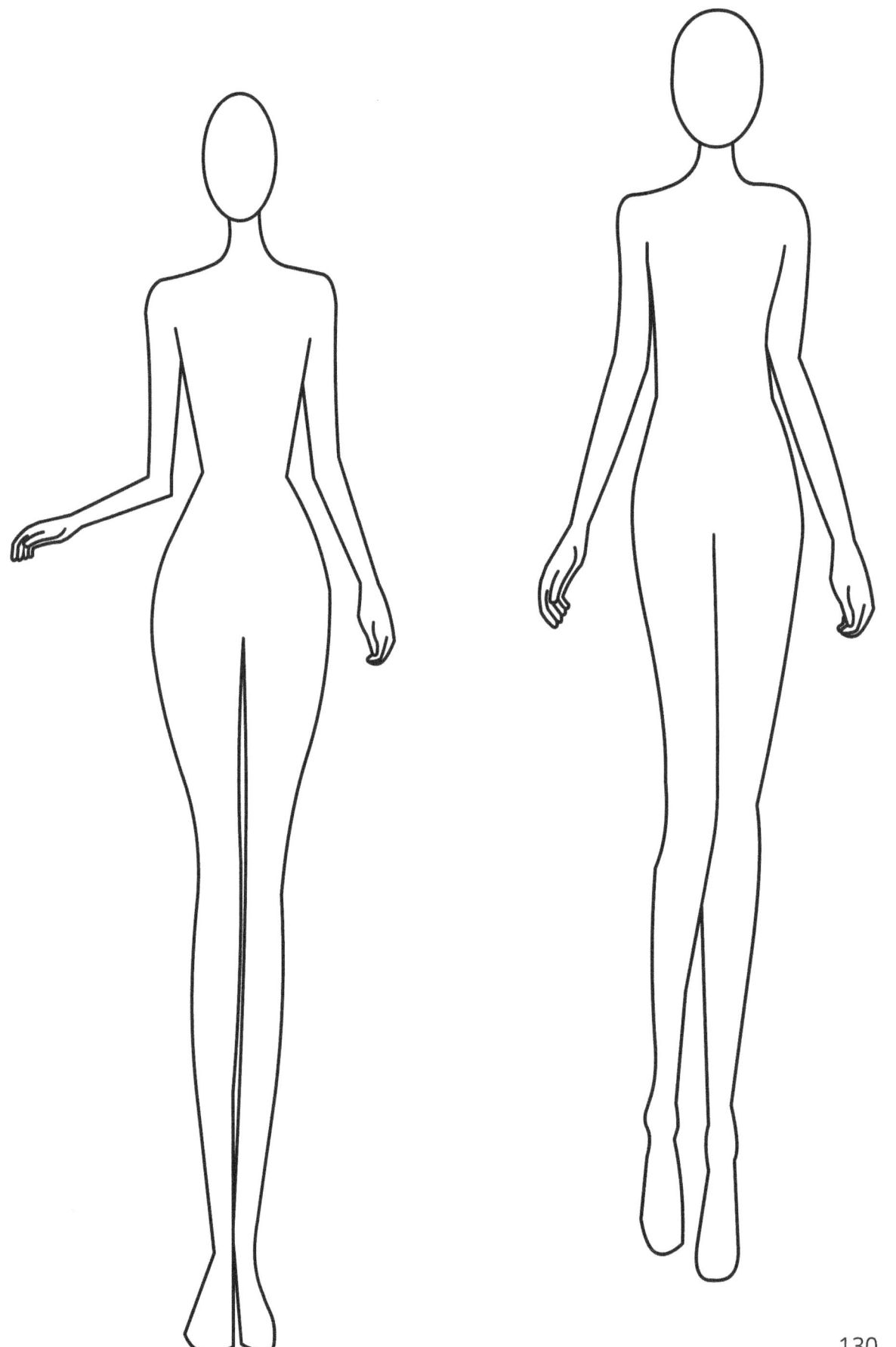

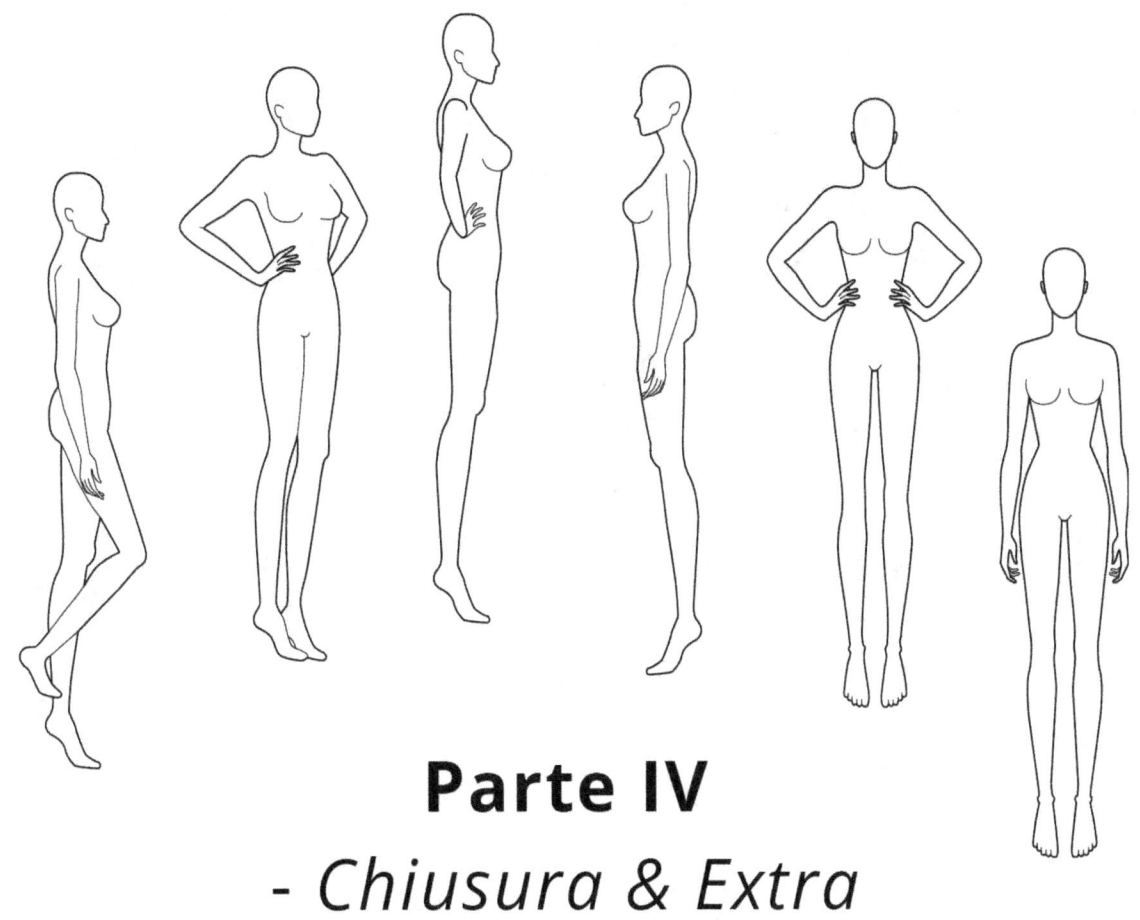

Parte IV
- Chiusura & Extra

Conclusione Creativa

Benvenuta nell'ultima parte del tuo viaggio nella moda!

Questa sezione riguarda riflessione, sperimentazione e celebrazione dei tuoi progressi.

Troverai sfide creative, suggerimenti di design e spazi extra per continuare a esercitarti e sviluppare il tuo stile unico.

Ricorda: la creatività non ha un traguardo.

Ogni pagina che completi è la prova che la tua immaginazione non ha limiti.

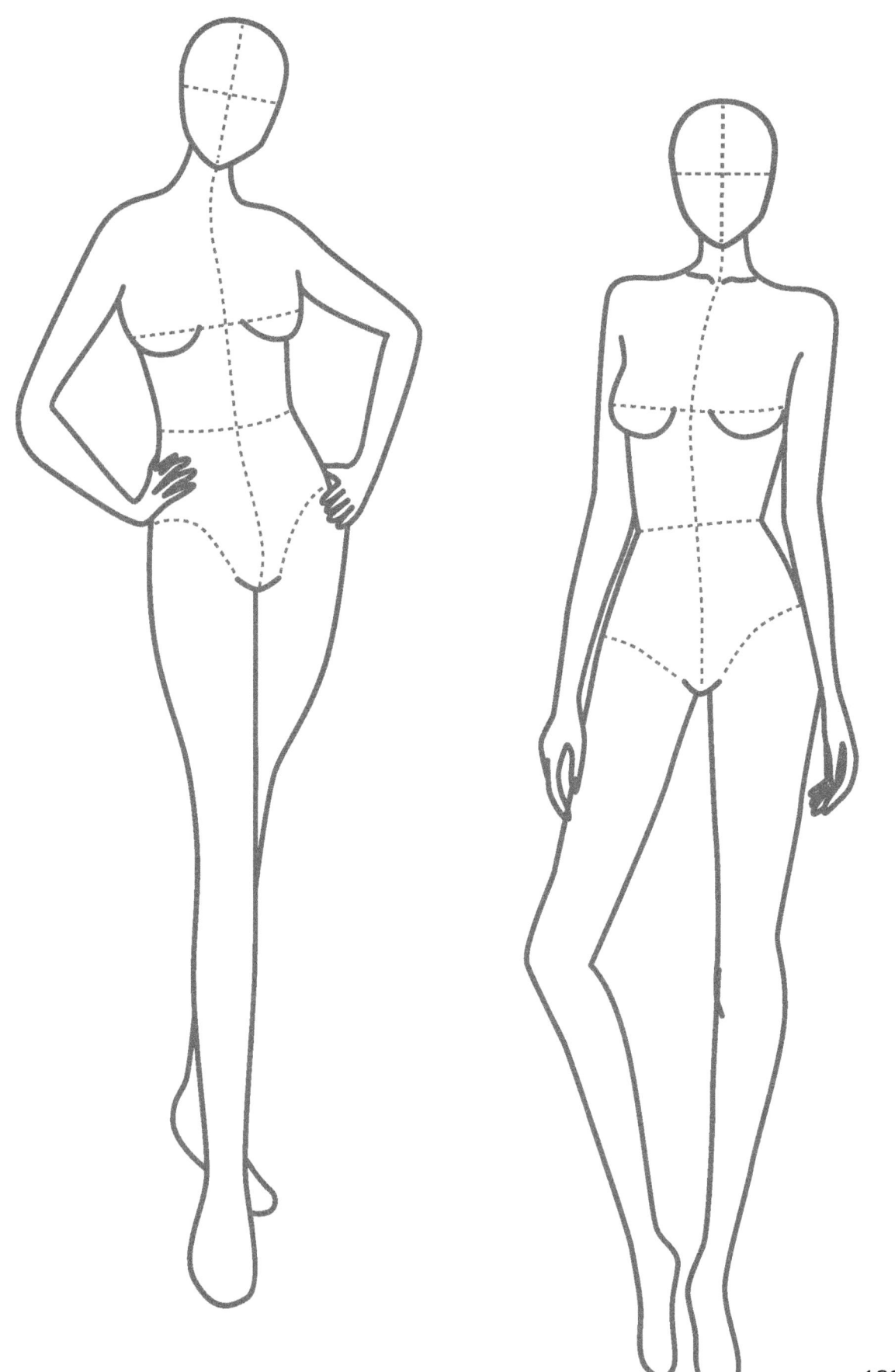

Ridisegna una Silhouette Classica

Prendi una forma senza tempo - come una giacca di jeans, un trench o un abito a linea A - e reinventala a modo tuo! Pensa a come colore, tessuto e dettagli possono renderla completamente nuova e interessante. Prova con tagli particolari, asimmetrie o cuciture originali.

Questa sfida ti aiuta a capire come rinnovare i classici mantenendone lo spirito originale.

Suggerimenti guidati:
- Quale capo classico hai scelto?
- Quale tocco moderno hai aggiunto?
- Descrivi il tuo redesign in una parola.

Consiglio: *Anche le leggende possono reinventarsi. Classico + Creatività = Stile senza tempo.*

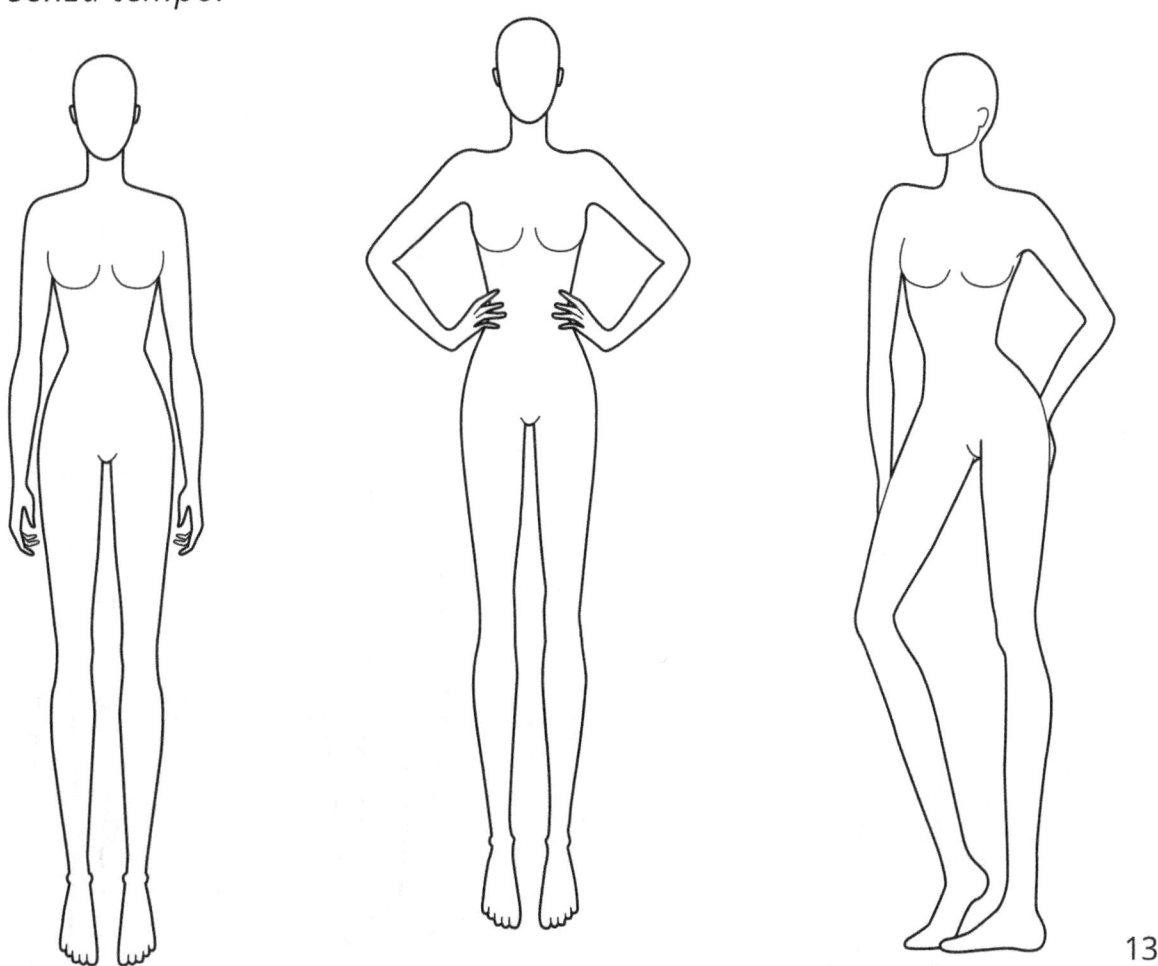

Mini Capsule Challenge

Crea una mini capsule wardrobe di 5 pezzi che possa entrare nel tuo armadietto scolastico ma rappresenti comunque la tua personalità. Scegli top, pantaloni e capispalla che si possano abbinare tra loro per creare look diversi. Questo esercizio ti aiuta a padroneggiare equilibrio, coordinazione e identità stilistica.

Suggerimenti:
- Qual è il tema della tua capsule? (es. street rilassato, pastello soft, stile artistico)
- Quali colori o tessuti risaltano?
- Come si abbinano i vari pezzi?

Consiglio: Quando ogni capo si combina con gli altri - hai creato la magia.

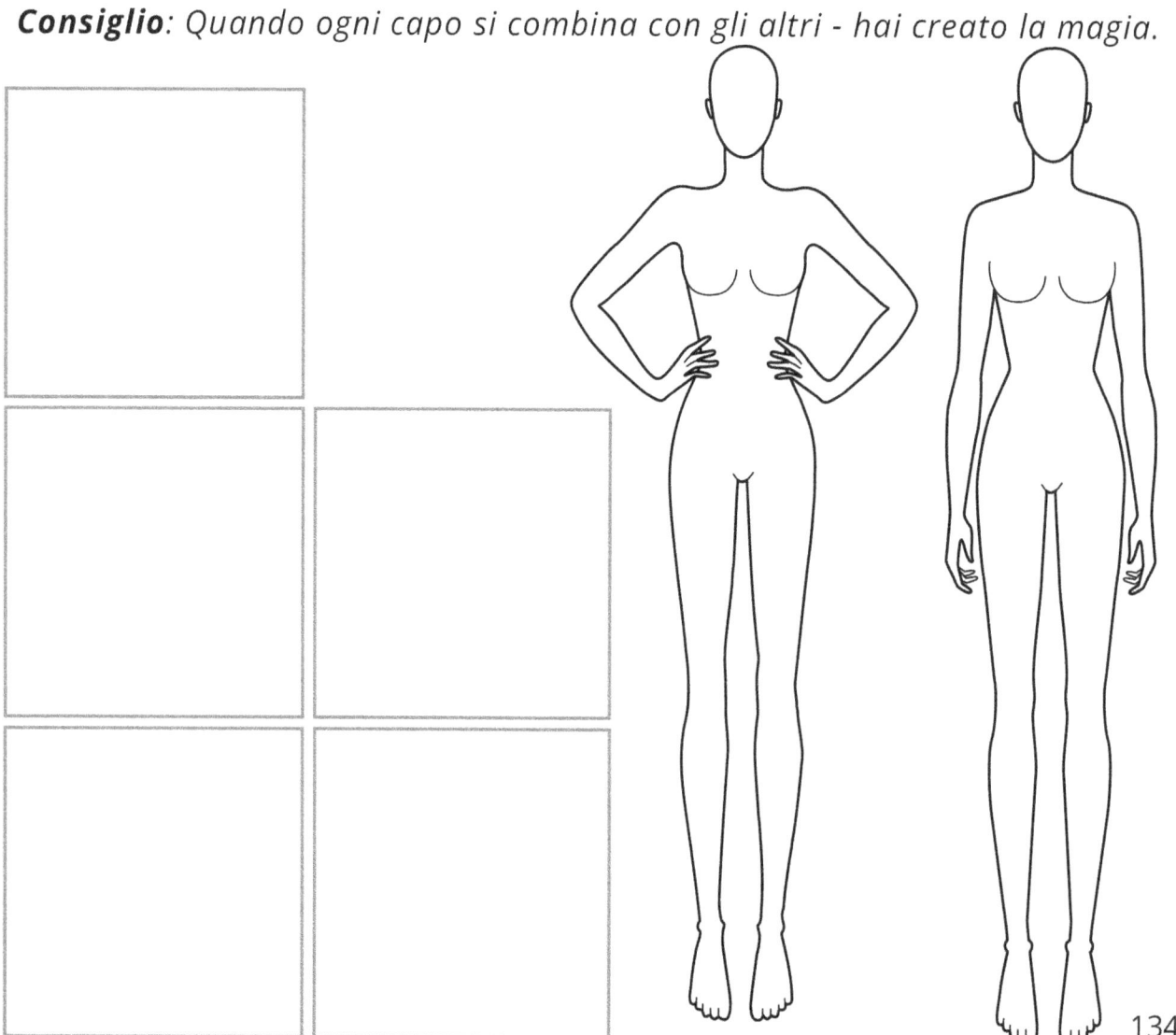

Ispirazione Stagionale

Scegli una stagione - primavera, estate, autunno o inverno - e disegna un outfit ispirato alla sua energia. Vai oltre gli stereotipi: l'inverno può essere rosa e brillante, l'estate morbida e naturale.

Lascia che sia la sensazione della stagione a guidare il tuo design.

Suggerimenti:
- Quale stagione ti ha ispirato?
- Quali colori o texture ne catturano l'atmosfera?
- In cosa la tua visione è diversa dai look tipici della stagione?

Consiglio: *Sorprendi - le stagioni della moda sono ciò che decidi tu.*

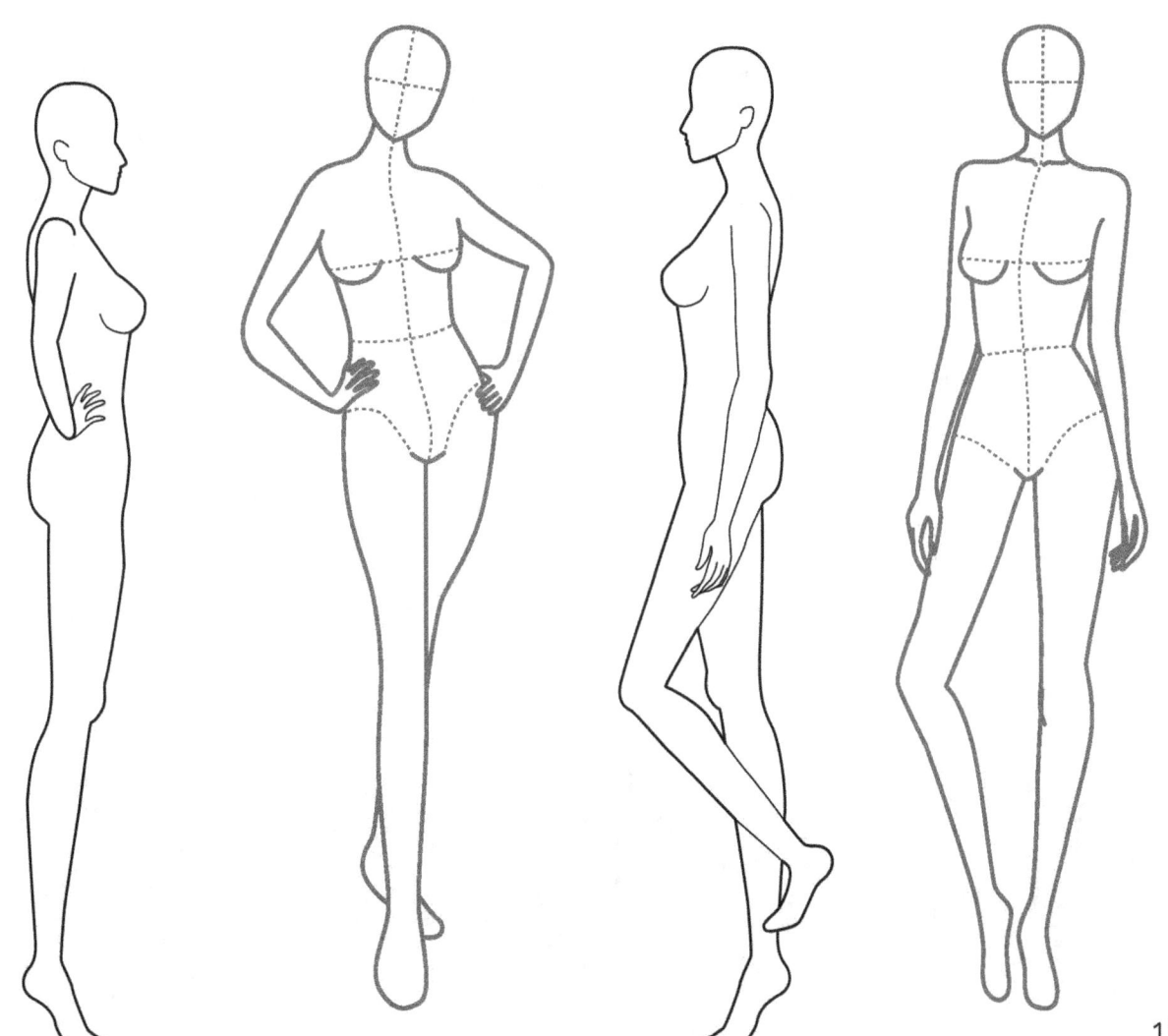

Sfida T-Shirt Glow-Up

Prendi il capo più semplice - una t-shirt bianca - e trasformalo in qualcosa di unico. Cambia le maniche, accorciala, aggiungi grafiche, mescola tessuti o trasformala in un vestito o una felpa.

Mantieni la forma originale ma rendila indimenticabile.

Suggerimenti:
- Qual è lo stile della tua nuova t-shirt?
- Quale dettaglio hai modificato di più?
- Dove la indosseresti?

Consiglio: I capi semplici offrono possibilità infinite.

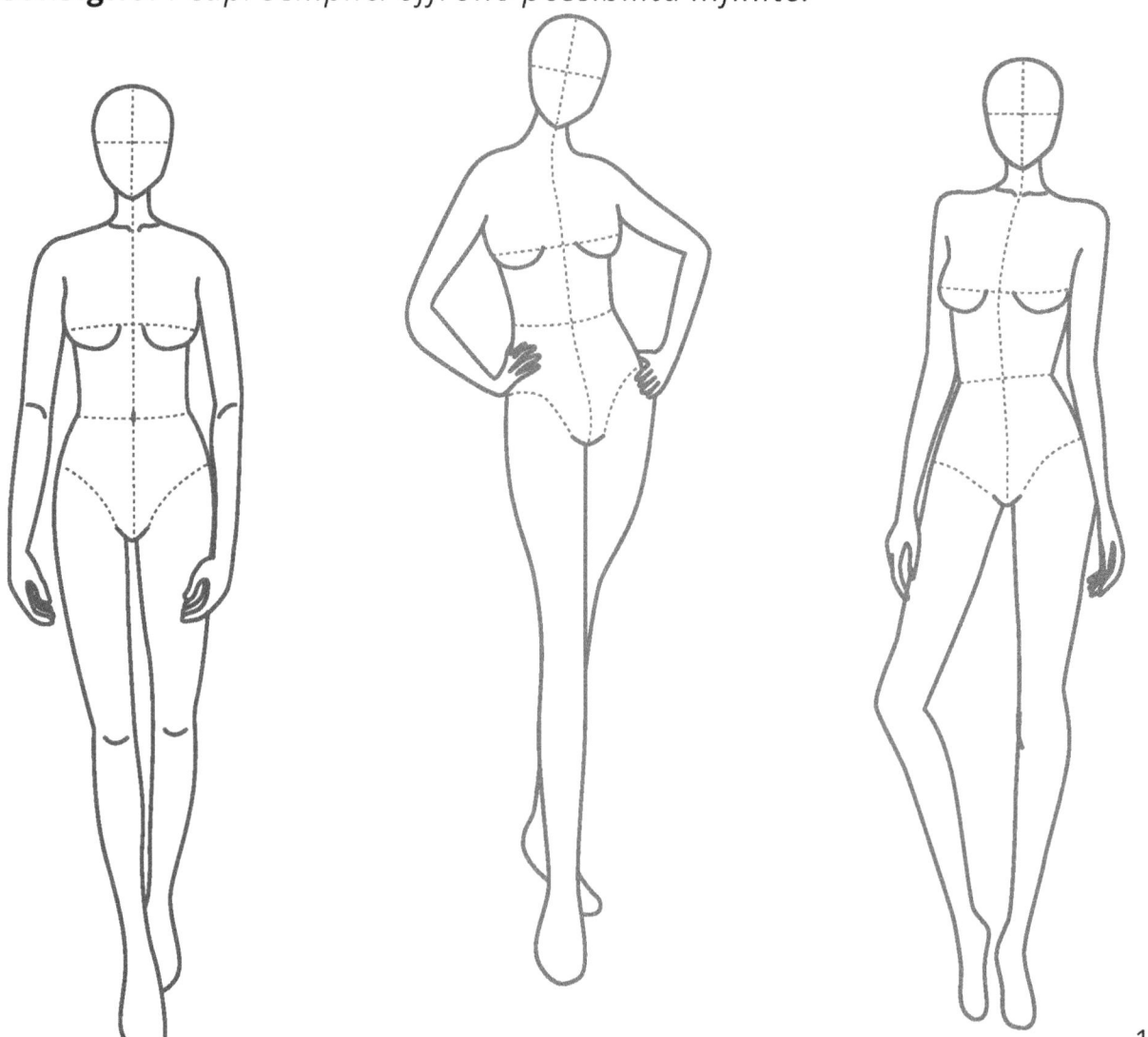

Mix & Match degli Opposti

Combina due stili apparentemente incompatibili - come sportivo + romantico, vintage + tecnologico, o street + glam - e fallo funzionare! Questa sfida ti insegna a mescolare idee inaspettate con sicurezza.

Suggerimenti:
- Quali due stili hai unito?
- Quale dettaglio li collega?
- Il tuo look pende più da un lato o è bilanciato?

Consiglio: *Il contrasto è dove nasce la creatività.*

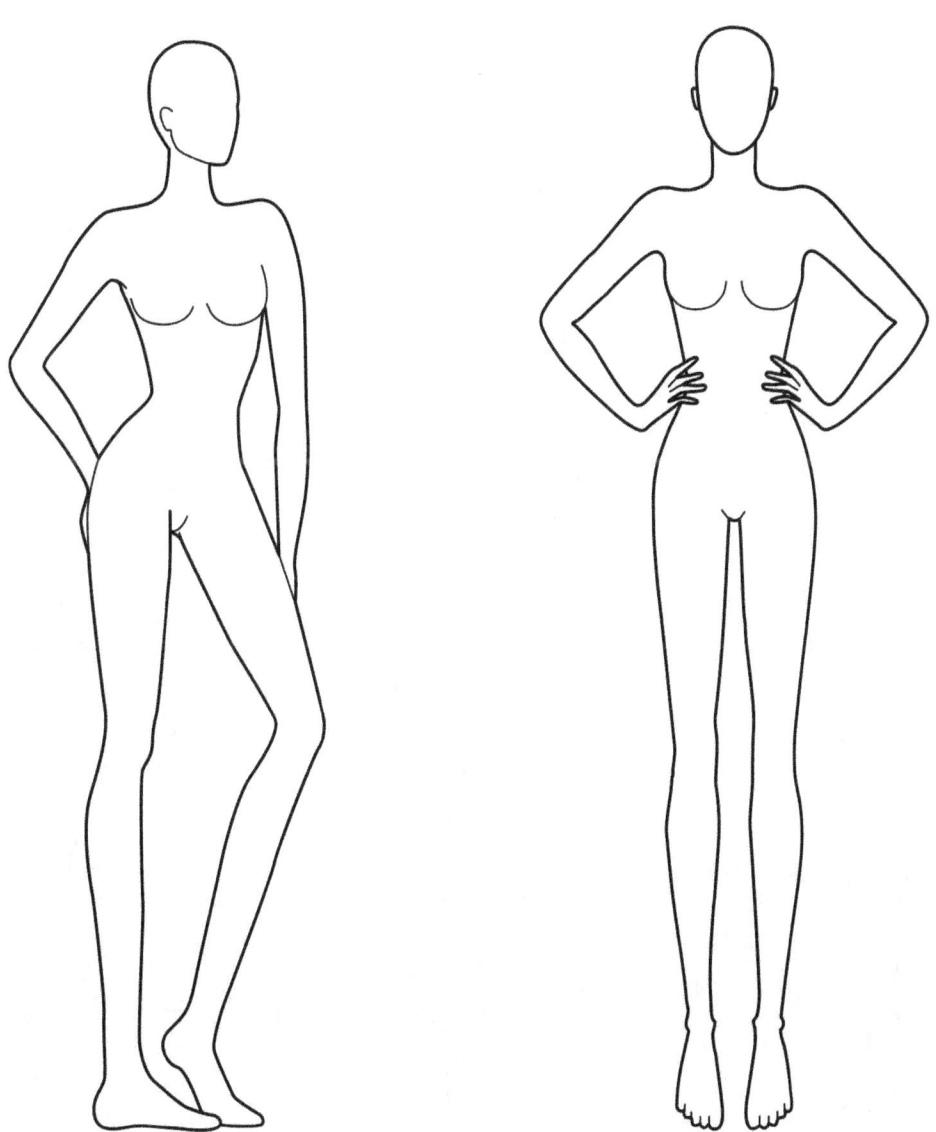

Focus sugli Accessori

Questa volta, gli accessori sono i protagonisti!

Cappelli, borse, scarpe, gioielli - scegli i tuoi preferiti e costruisci l'outfit intorno a loro.
Mantieni i vestiti semplici così gli accessori risaltano.

Suggerimenti:
- Qual è l'accessorio principale?
- Come il tuo outfit lo valorizza?
- Funzionerebbe anche senza di esso?

Consiglio: Gli accessori trasformano un "bel look" in "wow, sei proprio tu".

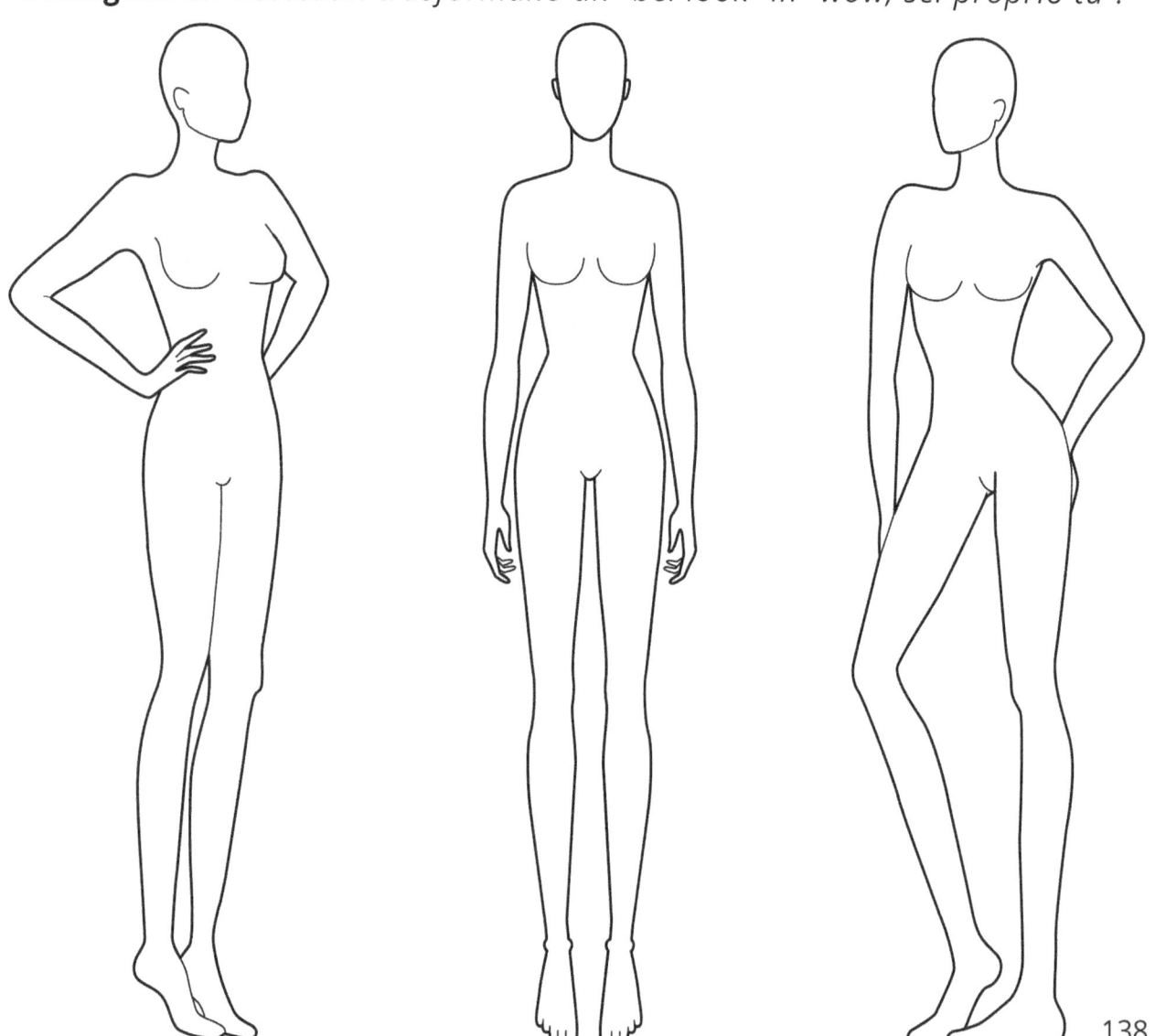

La Moda nel Tempo

Viaggia nella storia della moda e reinterpretala!

Magari il grunge anni '90 incontra lo scintillio Y2K, oppure i pantaloni a zampa anni '70 si fondono con lo streetwear moderno. Prendi qualcosa di iconico e rendilo attuale.

Suggerimenti:
- Quale decennio ti ha ispirato?
- Quale tocco moderno hai aggiunto?
- Come si collega alle tendenze attuali?

Consiglio: *La moda si ripete sempre - sii tu a riscriverla.*

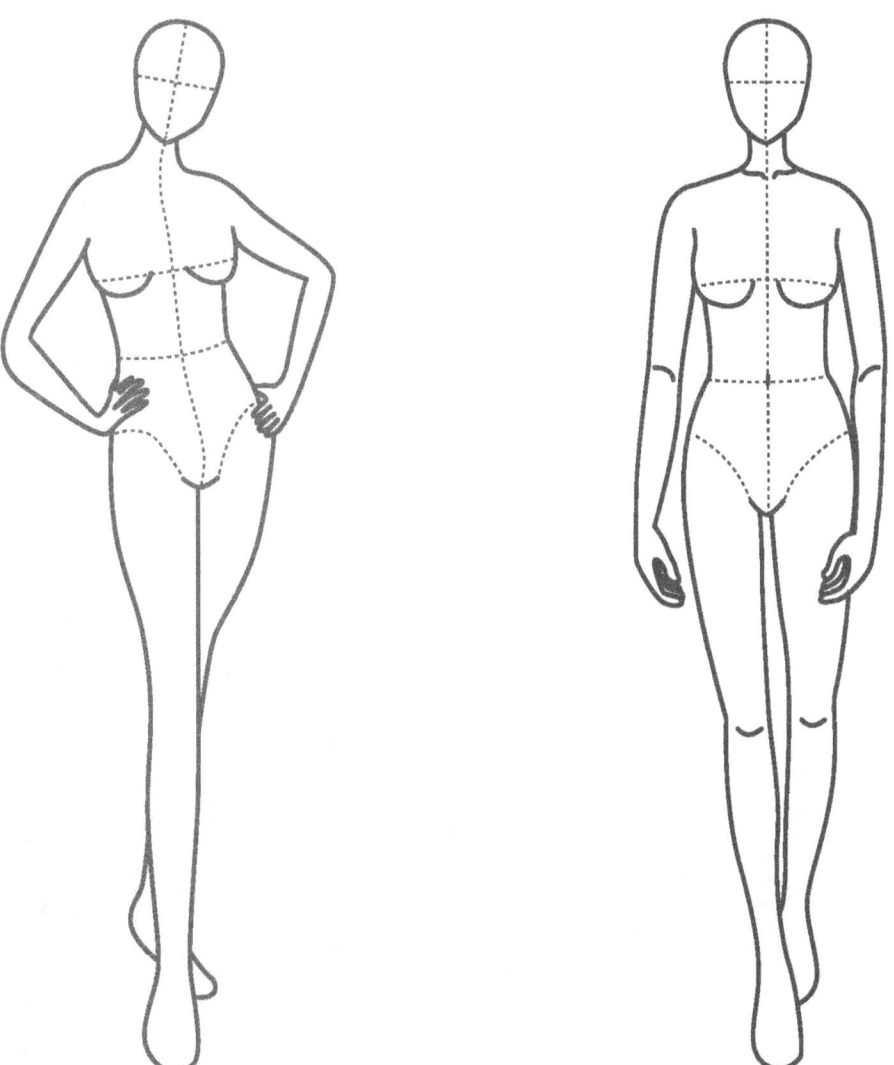

Moodboard to Outfit

Raccogli immagini, colori e texture che ti ispirano, poi disegna un outfit che rifletta quell'atmosfera. Incolla o disegna prima il tuo mini moodboard e crea accanto il look corrispondente.

Suggerimenti:
- Qual è il tema del tuo moodboard?
- Quali dettagli hai ripreso nel design?
- Il tuo outfit trasmette la stessa sensazione?

Consiglio:
Una visione chiara rende il disegno molto più semplice.

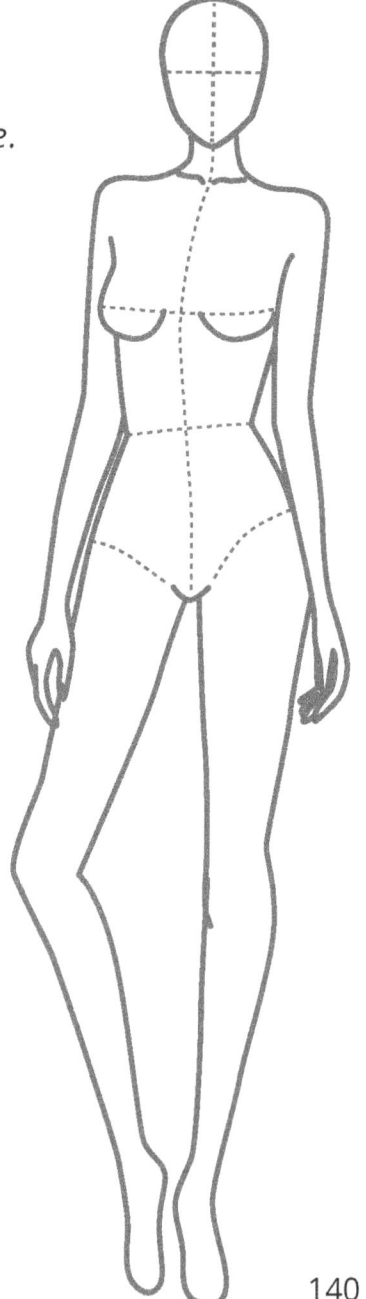

Checklist del Designer per Adolescenti

Tutto ciò di cui hai bisogno per le tue sessioni creative - spunta ogni voce mentre costruisci il tuo kit da designer!

Essenziali per il Disegno
- Quaderni da schizzi e carta ....
- Modelli di figure di moda ....
- Matite (HB, 2B, 4B) ....
- Pennarelli a punta fine e penne a inchiostro ....
- Gomme e temperini ....
- Righello / Curvilinee francesi ....

Zona Colore
- Matite colorate / Pennarelli ....
- Acquerelli o Gouache ....
- Campioni di tessuti / Esempi di texture ....

Strumenti Creativi
- Forbici / Colla / Nastro adesivo ....
- Metro da sarta / Spilli ....
- Cartellina per mini portfolio ....

Extra Digitali (Opzionali)
- Tablet + Pennino ....
- App di disegno o software di moda ....

Fonti d'Ispirazione
- Cataloghi tessili / Riviste ....
- Materiali per moodboard / Clip da Pinterest ....

Consiglio: *I tuoi strumenti sono i tuoi superpoteri - tienili sempre pronti!*

I Miei Tessuti e Marchi Preferiti
- Note e Campioni

Annota le texture e i materiali che ami di più!

Aggiungi ritagli di tessuto, incolla campioni o foto dei tuoi marchi preferiti.

- I 3 tessuti che amo di più: ……………………………………………………
- Tessuti che voglio provare: ……………………………………………………
- Negozi / Marchi preferiti: ……………………………………………………
- Tessuto che rappresenta il mio stile: ………………………………………
- Materiale dei miei sogni per creare: ………………………………………

Consiglio: *Le tue scelte di tessuto raccontano la tua storia di designer.*

_____
_____
_____
_____
_____
_____
_____
_____
_____
_____

Il Mio Diario Personale di Moda

Hai raggiunto l'ultima sezione - ma in realtà è solo l'inizio del tuo percorso da giovane designer. Usa questa pagina per catturare i tuoi pensieri creativi e ciò che hai imparato.

- Cosa ho imparato finora: ....
- I miei design preferiti: ....
- Lo stile che mi rappresenta di più: ....
- I miei prossimi obiettivi come designer: ....

Ogni schizzo è un passo avanti - continua a disegnare, esplorare e crescere.

_____
_____
_____
_____
_____
_____
_____
_____
_____
_____

Congratulazioni!
Ce l'hai fatta!

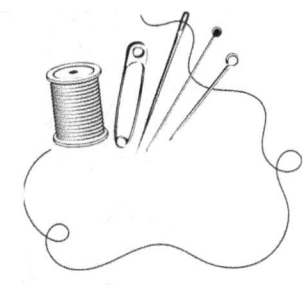

Congratulazioni, Designer!

Hai raggiunto l'ultima sezione - ottimo lavoro! Ogni pagina che hai completato ti ha aiutato a sviluppare la tua creatività, il tuo stile e la tua sicurezza.

La moda non è solo vestiti; è espressione di sé. Con ogni schizzo, hai costruito un linguaggio visivo che è solo tuo.

Ricorda:
- Crescita = Pratica + Passione
- Il tuo stile è il tuo superpotere
- Non smettere mai di creare

Ci piacerebbe sentirti!

Se questo libro ti ha ispirato, condividi la tua opinione o mostra i tuoi design online così altri possano unirsi al viaggio.

Consiglio:
Il mondo ha bisogno
della tua visione -
continua a mostrarla!

Niky Jadesson

Grazie!

(Messaggio finale)

Grazie per essere qui!

Speriamo che questo sketchbook per adolescenti ti abbia ispirato a progettare, esplorare e sognare in grande.

La tua creatività significa tutto per noi!

Se vuoi condividere idee, pensieri o suggerimenti, ci farebbe piacere sentirti:

✉ nikyjadesson@gmail.com

Puoi anche trovare altri sketchbook creativi cercando **Niky Jadesson Books** online.

**Continua a disegnare,
continua a imparare
e continua a brillare!**

Niky Jadesson

Grazie per aver scelto questo libro!

  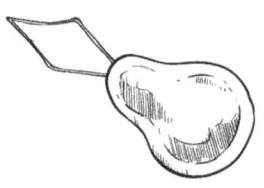 

Siamo davvero orgogliosi dell'immaginazione e dell'impegno che hai messo nei tuoi design.

Se questo libro ti ha aiutato a migliorare le tue capacità, lasciare una breve recensione può aiutare altri a scoprirlo.

Vuoi di più?
Cerca Niky Jadesson Books per altre versioni creative e temi di design!

Ricorda:
- Continua a disegnare
- Continua a progettare
- Continua a creare

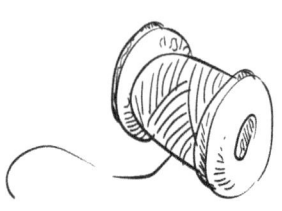
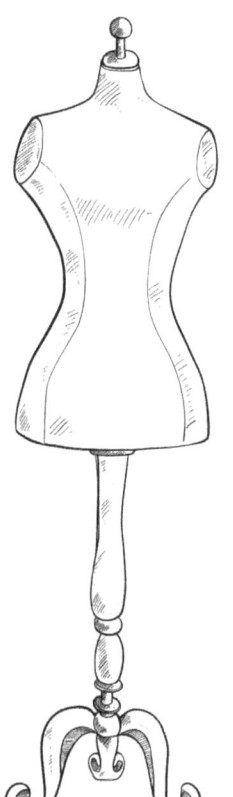

Niky Jadesson

Sull'Autrice

Niky Jadesson è autrice e designer, e crede che imparare debba essere sempre creativo e divertente.

I suoi libri aiutano giovani artisti e sognatori a esplorare moda, arte ed espressione personale con fiducia.

Trova ispirazione nelle passeggiate nella natura, nei momenti di caffè e nella curiosità infinita che nasce dallo schizzare nuove idee.

La sua missione: ispirare la prossima generazione di creatori - una pagina alla volta.

Scopri di più cercando

Niky Jadesson Books.

Mini Glossario di Termini di Moda (per Adolescenti)

- **Silhouette** - La forma complessiva di un design.
- **Cartamodello** - Modello usato per tagliare i pezzi di tessuto.
- **Drape** - Il modo in cui un tessuto cade o si muove.
- **Cucitura** - La linea in cui due tessuti si uniscono.
- **Orlo** - Il bordo inferiore di un capo d'abbigliamento.
- **Corpino** - La parte superiore del corpo in un indumento.
- **Pieghe** - Ripiegature che aggiungono forma o movimento.
- **Tessuto** - Qualsiasi materiale intrecciato o lavorato a maglia.
- **Fibra** - La sostanza da cui è composto un tessuto (cotone, seta, ecc.).
- **Sovrapposizione (Layering)** - Tecnica che unisce più capi nello stesso look.
- **Moodboard** - Collage visivo per ispirare un design.
- **Tendenza (Trend)** - Stile o colore popolare in un dato momento.
- **Moda sostenibile** - Design che rispetta il pianeta.
- **Fast Fashion** - Abbigliamento alla moda ma prodotto rapidamente.
- **Haute Couture** - Creazioni di lusso, artigianali e uniche.
- **Capsule Wardrobe** - Pochi capi che si abbinano perfettamente tra loro.
- **Collezione -** Insieme coordinato di design di uno stesso creatore.

Consiglio: *Imparare il linguaggio della moda ti aiuta a progettare come una vera professionista.*

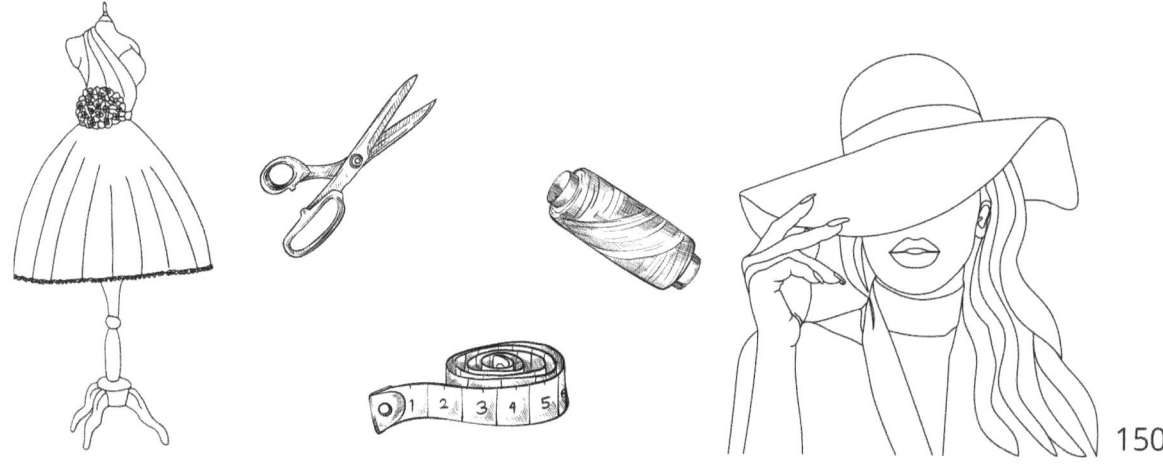

Certificato di Completamento

QUADERNO DI DISEGNO DI MODA - EDIZIONE TEEN
by Niky Jadesson Books

Questo certifica che

_____

ha completato questo Quaderno di Disegno di Moda
con creatività, immaginazione e dedizione!

Hai esplorato tendenze, praticato il disegno di figure, sperimentato texture e sviluppato la tua voce creativa nella moda.

Ogni schizzo che hai realizzato è un passo verso il tuo futuro artistico.
Sii orgogliosa. Rimani ispirata. Continua a creare.

Firma: _____
(La tua firma)

Data: _____

Consiglio: Questo non è la fine - è un nuovo inizio.
Il mondo è pronto per i tuoi design!